LE BONHEUR SANS ORDONNANCE

Groupe Eyrolles
61, bd Saint-Germain
75240 PARIS Cedex 05

www.editions-eyrolles.com

ISBN : 978-2-212-56094-7

Docteur Philippe Rodet

Préface d'Yves Desjacques

LE BONHEUR SANS ORDONNANCE

EYROLLES

Du même auteur

L'ardeur nouvelle, Debresse, 1998.

Le stress : nouvelles voies, Éditions de Fallois, 2007.

Se libérer du stress : un médecin urgentiste raconte, Eyrolles, 2010.

Avec Romain Bourdu :
Se protéger du stress et réussir : sept leviers de motivation,
Eyrolles, 2011.

À Marielle, ma fille, qui, par son soutien, m'aide à continuer d'agir pour un monde meilleur.

Mes remerciements vont à l'auteur de la préface, Yves Desjacques.

Mes remerciements vont aussi à mes clients ainsi qu'à mes collaborateurs, Julie, Lydia et Raphaël.

Mes remerciements vont également au « Cercle Stress Info »[1].

SOMMAIRE

PRÉFACE

Amis managers et DRH, changeons de cap !

Ne laissons pas une technocratie managériale désincarnée, dont ne veulent ni les actionnaires, ni les dirigeants, ni les salariés, assécher toute créativité dans l'entreprise.

Il est des chiffres qui claquent comme des évidences, et pourtant…

Le pourcentage de salariés démotivés a atteint, en France, en 2013, près de 40 %. Seuls 20 % de nos compatriotes considèrent que leur travail est un plaisir, quand 62 % estiment qu'il est contrainte, routine ou, au mieux, une « sécurité »[2].

Par ailleurs, 63 % des salariés français éprouvent du stress au travail (sondage OpinionWay, octobre 2012). Une étude de l'INRS évalue le coût social du stress dans notre pays entre 2 et 3 milliards d'euros par an. Quant au BIT (Bureau International du Travail), il estime que l'absentéisme, le turnover et la « perte de qualité » liés au stress représentent 3 à 4 % du PIB des pays industrialisés.

Gérard Mermet, dans son livre *Réinventer la France* (Éditions de L'Archipel, 2014), souligne que « *la France est l'un des pays les plus déprimés au monde* ». Le baromètre mondial du bonheur (WIN/Gallup, décembre 2012) place la France à l'avant-dernière position parmi cinquante-quatre pays en matière de perspectives économiques. En outre, 90 % des Français considèrent que leur pays est en déclin économique.

Dans le même temps, la contestation sociale gronde dans le pays et, donc, dans nos entreprises, nourrie par une crise qui s'enkyste, la perception de l'impuissance de l'État, la peur de la précarité et la perte de sens. Un sondage de l'institut Polling Vox réalisé pour *20 Minutes* et publié en janvier 2014 fait apparaître que 86 % des sondés estiment que « la France connaîtra un mouvement de contestation sociale généralisé en 2014 ».

Dans ce contexte délétère, le rôle du manager n'a jamais été aussi critique. Sa priorité devrait être de développer la motivation, la compréhension, l'adhésion des équipes, et, ainsi, l'envie et le bonheur au travail et la performance collective. Or la confusion fréquemment commise par nombre de managers entre la carte (à grand renfort de reportings, graphiques et autres présentations PowerPoint) et le territoire, c'est-à-dire la réalité humaine de l'entreprise, relègue au second plan la démarche managériale.

Certaines « vérités » désarmantes continuent à être affirmées par les tenants d'un management inadapté à notre temps. La liste serait trop longue à égrener, mais qui n'a pas entendu soutenir, par exemple, que l'affect n'avait pas sa place au travail – comment penser cela quand l'entreprise est, par essence, un collectif humain, lequel est profondément perturbé par une crise qui dure et affecte ses repères ? – ou que le seul exercice de l'autorité dispensait de l'écoute et de la recherche d'une compréhension mutuelle ? Qui n'a pas observé que plus la crise s'aggrave, plus forte est la tendance à un management désincarné et mécaniste ?

On croyait l'organisation scientifique du travail prônée par Taylor reléguée dans le cabinet des curiosités RH au profit d'un management plus participatif. Mais la crise est passée par là. Et, alors que la recherche de sens n'a jamais été aussi forte, compte tenu, notamment, de l'effondrement des convictions politiques, morales ou encore religieuses et du développement d'une société où la solidarité cède le pas à l'individualisme et à l'immédiat, l'entreprise, qui le pourrait et le devrait, considère trop souvent aujourd'hui n'être responsable ni de la quête de sens, ni du besoin de reconnaissance et moins encore du bonheur des salariés. Le lien social s'y réduit alors au seul contrat de travail.

Pourtant, l'impact du manager sur la motivation des salariés, leur bonheur au travail et donc sur l'efficacité collective est d'une singulière évidence.

J'ai souvent raconté à des étudiants de troisième cycle en ressources humaines cette parabole bien connue qui aide à le comprendre. La scène se passe au Moyen Âge. Un promeneur longe un chemin au bord duquel travaillent trois hommes. Chacun fait très exactement le même geste, celui de poser une pierre au-dessus d'une autre. Le premier semble éprouver une grande tristesse et travaille avec une infinie lenteur, le deuxième est plus allant et, le troisième, comme transporté par un élan.

Le passant demande alors à chacun des trois hommes ce qu'il fait. Le premier lui répond qu'on lui demande de poser une pierre sur une autre ; le deuxième, qu'il a pour rôle de poser une pierre sur une autre pour bâtir un mur ; et le troisième explique que sa mission consiste à poser une pierre sur une autre pour édifier la façade d'une future cathédrale. S'impose alors comme une évidence à notre promeneur que celui qui sait ce qu'il fait, à qui on a expliqué son rôle et, au-delà, le dessein d'ensemble auquel il contribue, est porté par une énergie, une envie, une motivation qui le poussent à avancer, à aller toujours plus loin tout en étant protégé de l'ennui et du doute.

Bien des années plus tard, en 2014, le lointain descendant de ce promeneur déambule dans les couloirs d'une entreprise. Celle-ci investit, tente d'innover, cherche à se différencier, mais rien n'y fait, ses performances demeurent mauvaises. Les salariés paraissent comme statufiés autant que stressés ; aucun ne sait dire quelle est la stratégie de l'entreprise, en quoi il y contribue ni même ce qui est attendu de lui. Notre promeneur comprend aussi que, plutôt qu'expliquer à un salarié comment s'améliorer, s'il a mal fait, on préfère le remplacer, comme on change le bœuf fatigué d'avoir tiré le soc.

Réveillons-nous ! Ne laissons pas le potentiel bâtisseur de cathédrale se transformer en poseur de pierres et la cathédrale n'être jamais achevée. Ne laissons pas une technocratie managériale asphyxiante ruiner les efforts des salariés autant que des actionnaires. Ne laissons pas les salariés de nos entreprises errer dans un univers dépourvu de sens, de lisibilité, simplement parce que certains managers n'ont pas compris qu'expliquer la stratégie et le moyen de la mettre en œuvre, valoriser le rôle de chacun dans ce dessein est tout aussi indispensable que d'investir dans l'outil de production. Interdisons à quiconque de penser qu'être un manager hautain et inaccessible vaut mieux qu'être humain, encourager, féliciter, aider, aimer.

Changer le cours des choses, de cette lente mais certaine dégradation du climat interne dans l'entreprise serait devenu impossible, tant l'urgence imposée par la gravité de la crise serait incompatible avec de nouvelles pratiques managériales.

Non ! Ne tenons pas pour vraie cette vision erronée autant qu'asséchante de l'entreprise. Il est grand temps de repenser, redéfinir, revaloriser, aussi, le rôle du management, sa mission, ses devoirs dans l'entreprise, autour de quelques idées simples.

Prendre du temps pour expliquer, c'est en gagner

Le salarié de l'entreprise est, en France, aujourd'hui, victime d'une double peine, assailli d'une double angoisse. La situation particulièrement dégradée du pays (chômage, dette publique, (dé)croissance, perte de pouvoir d'achat, stagflation) le préoccupe avec une intensité jamais connue depuis la fin de la Seconde Guerre mondiale. En outre, la mondialisation est majoritairement perçue comme une menace, les taux de participation aux élections nationales montrent clairement que le citoyen ne se considère pas comme acteur mais, au mieux, comme spectateur d'une réalité sur laquelle il estime n'avoir aucune prise. Cette passivité est un facteur de démotivation et de stress. Dans le même temps, dans l'entreprise, certains managers n'assument plus leur mission ; celle, fondamentale, d'expliquer, de faire adhérer, de motiver en donnant du sens et de susciter ainsi l'envie, la créativité et le désir d'agir.

Pourtant, chacun doit être traité en adulte responsable, capable de comprendre les réalités et de prendre sa part des efforts à accomplir. La demande de sens ne doit pas être perçue par le manager comme une contrainte ou une remise en cause de son autorité mais, tout au contraire, comme la démonstration d'une formidable envie – souvent sous-estimée – d'agir. Or on n'agit bien que si l'on comprend ce qui est attendu de soi. De passif, on devient acteur, de désengagé on devient impliqué, et l'angoisse cède le pas à l'action.

Expliquer, donner à comprendre, partager, être transparent sur la stratégie et les difficultés auxquelles l'entreprise peut être confrontée sont autant de devoirs fondamentaux du manager.

Promouvoir les différences, c'est s'enrichir

Les enquêtes portant sur la motivation des salariés montrent que la capacité de l'entreprise à être « inclusive », c'est-à-dire à agréger une vaste diversité de compétences, de profils et de parcours de vie est un facteur de créativité et de fierté d'appartenance des collaborateurs.

Le refus de la différence, la discrimination, quelle qu'en soit la forme, sont perçus, de manière quasi unanime, comme d'inacceptables déviances.

Mais, dans un contexte de crise, réapparaît chez certains managers une très regrettable tendance à ne prendre aucun risque en ne recrutant plus ni ne promouvant des talents différents, singuliers, originaux. Il est d'ailleurs frappant de voir à quel point la question de la promotion des diversités et de la lutte contre les discriminations qui occupait une place centrale dans le discours politique et managérial au début des années 2000 est désormais reléguée au rang d'antienne ânonnée sans réelle conviction dans les liturgies managériales.

Or, sur des marchés de plus en plus disputés, la capacité d'innover, de créer, de comprendre aussi la diversité des attentes des consommateurs est un gage de réussite. Pour y parvenir, nul doute que la pluralité des compétences, des profils et des parcours de vie est indispensable à l'entreprise. Elle est aussi un gage d'adaptabilité à des environnements sans cesse changeants.

La capacité d'une entreprise à être « inclusive », c'est-à-dire à agréger en son sein le plus grand nombre possible de différences et à lutter efficacement contre les discriminations liées à l'âge, au sexe, à l'origine, au handicap, à l'apparence physique, à l'orientation sexuelle, aux convictions religieuses et, plus généralement, aux parcours de vie, renforce le « sens » au travail. Travailler dans une entreprise qui agit en faveur de la lutte contre les discriminations et se montre solidaire est un motif de fierté et de motivation pour ses collaborateurs.

Favoriser l'initiative individuelle, c'est servir le collectif

Le citoyen, hier consommateur passif, victime consentante d'un marketing triomphant créant son désir et son besoin d'achat, s'est progressivement mué en *consomacteur*. La consommation dite collaborative s'est développée principalement grâce à Internet et les multiples sites par lesquels des communautés de consommateurs se créent, jugent les produits et services, partagent leurs avis et, parfois même, contournent les offres classiques comme le montre le succès des sites Airbnb ou OuiCar.

L'entreprise s'est emparée de ce phénomène, utilisant la capacité et l'envie créatrices de ses clients en leur demandant de participer à l'élaboration de ses produits, en les associant au développement de son offre. On ne compte plus les exemples de « communautés » de clients appelées à tester et à améliorer les produits avant leur commercialisation.

Singulièrement, dans le même temps, le « management participatif » qui, pourtant, devrait s'inscrire dans un mouvement naturel de l'entreprise vers plus d'implication de ses parties prenantes, cède le pas à la faveur d'un management directif et technocratique prétendument imposé par la nécessité de tenir la bride courte en temps de crise.

C'est une triple erreur.

D'abord parce ce mouvement est contraire à la volonté du citoyen de « reprendre la main » quand, au plan national, tout semble lui échapper. C'est par les actions concrètes du quotidien, par la capacité à influer sur son environnement, son travail, que se renforce la confiance en soi. La place laissée à l'initiative individuelle est un puissant levier de motivation.

Aussi parce que la « génération Y » qui constitue, par essence, l'avenir de nos entreprises, n'accepte pas d'être passive, soumise à une autorité managériale qu'elle considère, par principe, discutable. Pour cette génération, née à une époque où, par le biais d'Internet, tout se discute, aucune vérité n'est tenue pour telle qui n'ait été préalablement remise en cause, vérifiée, décortiquée. Elle veut également être actrice du fonctionnement de l'entreprise, participer à la décision, être mise en situation d'apporter sa vision, ses méthodes, bref, sa propre pierre à l'édifice.

Enfin, parce que l'autonomie est une source majeure de performance et de bien-être professionnel. De nombreuses études, citées dans le présent ouvrage, montrent combien la capacité à agir sur son environnement, à avoir un impact sur le fonctionnement de son entreprise est générateur de confiance en soi et de satisfaction en permettant le développement d'un réel sentiment d'utilité individuelle et donc de performance collective. Agir et non subir est une aspiration naturelle profondément créatrice de valeur tant individuelle que collective. L'époque des « temps modernes » magnifiquement campée par Charlie Chaplin dans son film de 1936, est définitivement révolue ; chaque manager doit s'en convaincre.

Favoriser le bonheur individuel, c'est contribuer à la réussite collective

Tout manager devrait se répéter chaque jour que le bonheur des uns fait le bonheur des autres et que développer le plaisir au travail des collaborateurs est le plus sûr moyen d'assurer la réussite de l'entreprise… et inversement.

Ce n'est pas le moindre des mérites de cet ouvrage que de démontrer scientifiquement que le stress subi par un collaborateur est destructeur de sa motivation. Or, sans motivation individuelle, il n'y a pas d'efficacité collective, pas de succès possible de l'entreprise, pas de capacité de celle-ci à faire face au gros temps. Cette idée-force doit être reliée au fait qu'à l'opposé du stress est le plaisir que, pourtant, seuls 20 % des Français estiment éprouver dans leur travail !

S'impose donc l'idée selon laquelle, pour assurer la réussite de l'entreprise, il n'y a pas d'autre voie possible, sur le plan managérial, que de favoriser le développement du sentiment de plaisir et donc de bonheur des collaborateurs.

Mais l'entreprise a-t-elle aujourd'hui les moyens de créer un cadre favorable au développement du sentiment de plaisir au travail ?

Cette question n'est-elle pas iconoclaste en temps de crise ?

Le bonheur professionnel n'est-il pas un éden romantique que seuls quelques DRH parfumés à l'eau de rose auraient encore l'audace d'appeler de leurs vœux ?

Non !

Amis managers et DRH, vous pouvez changer le cours des choses.

Vous pouvez, malgré une situation économique morose, contribuer directement à l'efficacité de votre entreprise par chacun de vos actes managériaux. La recette tient dans l'exercice bienveillant de la responsabilité managériale. Cette démarche, telle que nous la définissons avec le docteur Philippe Rodet, s'appuie sur cinq principes clés :

— Favorisez l'initiative et la créativité en donnant à chacun une place dans le dispositif d'ensemble de l'entreprise en ne craignant ni le débat ni la remise en cause.

— Développez la reconnaissance du travail accompli en osant féliciter et remercier. Dire « merci », c'est donner envie d'aller plus loin.

— Soyez les garants d'un management juste. Être juste, ce n'est pas tancer celui qui s'est trompé, mais c'est l'aider à comprendre l'erreur pour s'améliorer et, surtout, encourager l'effort. Être juste, ce n'est pas non plus dire oui à tout, ce n'est pas s'interdire d'être ferme lorsque cela est nécessaire. Finalement, être juste, c'est traiter son collaborateur comme on aimerait l'être soi-même, de manière respectueuse et riche de sens.

— Soyez transparent. Expliquer la stratégie, les difficultés comme les succès, ce n'est pas se départir de son pouvoir. Tout au contraire, c'est donner du sens en faisant appel à la raison et à la capacité à comprendre, donc donner envie d'agir.

— Encouragez l'« aimer-faire » autant que le savoir-faire. Il convient, bien sûr, de disposer de collaborateurs compétents pour les missions qui leur sont confiées, mais aussi de susciter l'envie, le plaisir de faire, qui sont indissociables de l'efficacité, en laissant une part à l'initiative individuelle, à l'action originale, aux idées différentes.

Agir ainsi, c'est se comporter en honnête homme, garant de la nécessaire synthèse entre réussite collective et bonheur individuel et conscient du lien indissoluble qui les unit.

« *Donnez-moi un point d'appui et un levier, je soulèverai le monde* », disait Archimède. Nous avons et l'un, le point d'appui d'un management revisité, et l'autre, le puissant levier de la bienveillance, à portée de la main. Dans l'entreprise d'aujourd'hui, pourtant en prise à tant de vents contraires, la bienveillance managériale peut changer le cours des choses. N'en doutons pas.

Le livre du docteur Philippe Rodet nous invite à repenser nos actes, pour nous-mêmes, pour nos proches et pour nos collaborateurs, en desserrant les mâchoires du stress, subi ou provoqué, au profit d'une démarche qui favorise le bien-être et le vivre ensemble. Il ouvre une voie nouvelle. Empruntons-la !

Yves Desjacques
DRH du groupe Casino

AVANT-PROPOS

Depuis plusieurs années, nous traversons une période difficile sur le plan moral. Les crises financières puis économiques et sociales génèrent, en effet, un climat d'incertitude, dangereux sur le plan moral et motivationnel.

D'ailleurs, dès le mois d'octobre 2008, le docteur Margaret Chan, directrice générale de l'Organisation Mondiale de la Santé (OMS), alertait : « *Nous ne devrions pas sous-estimer les turbulences et les conséquences probables de la crise financière. Il ne faudra pas être surpris de voir plus de personnes stressées, plus de suicides et plus de désordres mentaux*[3]. »

Des propos qui s'expliquent, si l'on repense à ce qui s'est passé suite à la crise de 1929. En 1932, le taux de suicides avait fait un bon aux États-Unis, puisqu'il était pratiquement le double de celui de 1920.

Le site du journal suisse Romandie.com[4] a fait état, dans un article mis en ligne fin 2008, de craintes concordantes, toujours aux États-Unis : « *En octobre 2008, juste après le début de la crise provoquée par la faillite de la banque Lehman Brothers, le nombre d'appels reçus par CrisisLink était en hausse de 132 % par rapport à octobre 2007. Sur les cinq derniers mois, la hausse atteint 81 %.* »

En France, entre octobre 2011 et octobre 2012, le nombre de suicides devant les TGV de la SNCF s'est accru de 30 %, amenant son président, Guillaume Pépy, à parler de chiffres « catastrophiques ».

Parallèlement à l'aggravation de cette souffrance morale, nous assistons à une véritable crise de l'envie qui s'illustre à travers une hausse de la démotivation.

Entre 2002 et 2014, la démotivation des salariés est passée de 26 % à 38 %[5].

Années	2002	2007	2008	2009	2010	2012	2013	2014
Évolution de la démotivation des salariés français	26 %	35 %	38 %	39 %	39 %	40 %	38 %	38 %

Il convient de noter que chez les cadres supérieurs, l'évolution est encore plus franche. On passe en effet de 19 % de démotivés en 2007 à 33 % en 2010[6].

Années	2007	2008	2009	2010
Pourcentage de cadres supérieurs démotivés	19 %	23 %	29 %	33 %

Il est logique que lorsque le stress augmente, la motivation diminue. Le stress provoque en effet un déséquilibre du système sympathique – parasympathique[7] au bénéfice du seul système sympathique. Le taux d'acétylcholine, neuromédiateur typique du système parasympathique, diminue donc, or celui-ci fait partie de ceux qui sont impliqués dans la motivation. L'influence de l'acétylcholine dans la motivation est clairement abordée dans un article de trois pharmacologues[8] intitulé « Biologie de la motivation ».

Face à ce contexte qui allie augmentation du stress et baisse de la motivation, il y a bien sûr intérêt à développer des moyens pour se protéger des effets du stress mais, pour consolider l'impact sur la santé, renouer avec le succès et tendre vers le bonheur, ces moyens ne suffisent pas. Il est indispensable d'améliorer la motivation, que ce soit la sienne, celle de ses proches ou de ses collaborateurs.

L'impact bénéfique de la motivation sur le stress avait été notamment illustré par une étude du Center for Disease Control d'Atlanta. Il a été remarqué qu'au retour de missions, les travailleurs humanitaires faisaient d'autant moins de burn-out qu'ils étaient plus motivés au départ. La motivation est donc clairement protectrice du stress.

Dans le cadre de mon métier de médecin urgentiste, nous côtoyons parfois des situations de crise, souvent des contextes d'incertitude, et cependant, parce que l'envie est à son paroxysme, nous traversons au mieux ces moments difficiles.

Afin d'aider à repérer et à comprendre le stress, ce petit guide pratique aborde de manière extrêmement succincte et vulgarisée ses définitions, ses causes, ses mécanismes, ses conséquences et ses modes d'expression.

Ensuite, sont présentés des moyens de se protéger soi, (alimentation adaptée, activité physique régulière et modérée, aptitude à faire la part des choses, etc.) et… de se motiver !

Des leviers de motivation intrinsèque destinés à aider ses proches ou ses collaborateurs à aller mieux et à réussir davantage seront également étudiés.

En effet, nous sommes bien là au cœur de l'enjeu, que ce soit à l'échelle individuelle ou collective, l'impact bénéfique sur la santé de certains leviers de motivation va aider à aller mieux, à trouver la voie du succès et à tendre vers le bonheur.

Enfin, l'impact de ces leviers de motivation sur les émotions et sur certaines hormones sera développé, nous aidant à mieux comprendre l'influence bénéfique de la motivation sur la réussite et la santé.

Il est intéressant de constater que ce qui est juste à l'échelle individuelle ou d'une entreprise l'est aussi à celle de la France. C'est ce qui fait dire à Francis Mer[9] que « *la motivation est sans doute la dernière carte qui nous reste à jouer, mais elle est majeure* », car son impact est considérable : « *On peut gagner environ 25 % de productivité par une meilleure motivation du facteur humain. Ce qui revient à ajouter un point de croissance supplémentaire pendant un quart de siècle*[10]. » Alors, agissons !

CHAPITRE 1

Comprendre le stress

Définitions

Le stress est certainement l'une des réactions les plus complexes de l'organisme. Il est donc important de l'aborder avec humilité et d'essayer, avant toute chose de le définir.

Dès 1936, le chercheur d'origine hongroise vivant au Canada Hans Selye[11] a décrit la réaction de stress chez l'être vivant, comme étant « *la réponse non spécifique que donne le corps à toute demande qui lui est faite* ». Il parle de réaction « *non spécifique* » car, quelle que soit la cause de stress, il y aura toujours libération des mêmes substances : des hormones.

Pour l'Agence Européenne pour la Sécurité et la Santé au Travail, « *un état de stress survient lorsqu'il y a déséquilibre entre la perception qu'une personne a des contraintes que lui impose son environnement et la perception qu'elle a de ses propres ressources pour y faire face* ».

Cette définition est plus restrictive que la précédente car elle s'adresse avant tout au stress dans le cadre professionnel. Il est en effet possible de subir des sources de stress sans pour autant « percevoir » quoi que ce soit. C'est notamment le cas de nombre de sources d'origine physique, qui sont abordées dans le paragraphe suivant.

Causes

Elles peuvent être séparées en trois grandes catégories : physiques, chimiques ou psychiques.

Les causes d'origine physique

Elles sont de différentes natures : le bruit, la vitesse, les variations de température et les modifications de pression.

Le bruit

Le bruit est une source de stress importante. Sur le site suisse Le Matin Online, un article daté du 8 décembre 2007, intitulé « Le bruit nous rend malades », a abordé l'influence néfaste du bruit sur notre organisme en raison du stress qu'il induit. L'explication du docteur Bernhard Aufdereggen, membre de la Commission fédérale pour la lutte contre le bruit, est intéressante. Pour ce médecin suisse, « *il y a 10 000 ans, s'il y avait un bruit, l'homme devait pouvoir réagir rapidement pour se protéger. Le bruit provoquait une réaction d'alarme dans notre corps, un stress. Aujourd'hui, la même réaction se produit, même si elle n'est souvent plus vraiment nécessaire : le corps sécrète des hormones de stress, comme le cortisol, l'adrénaline ou la noradrénaline ; les vaisseaux sanguins se rétrécissent ; la pression augmente ; le cœur bat plus vite* (...) *Et bien sûr, si on est tout le temps soumis à ce type de stress, les risques d'infarctus et de maladies cardiaques augmentent. Les études de l'OMS ont d'ailleurs relevé l'incidence de l'exposition chronique à un bruit nocturne dès cinquante décibels (niveau sonore d'une conversation durant la journée) sur les problèmes cardiovasculaires* ».

Le docteur Jean-Marie Cohen est responsable du projet « Bruit et santé » pour le cabinet d'études Open Rome. Comme le précise *L'Express Environnement*[12], ce médecin « *fait figure de pionnier en la matière. Pendant huit jours, il a mesuré l'exposition au bruit de trente Franciliens. Heure par heure, un petit dosimètre placé sur les participants a traqué chaque décibel : le résultat est inquiétant* ». Jean-Marie Cohen a tenu des propos[13] lui aussi très clairs sur l'influence du bruit sur le stress. Son étude vient « *confirmer que le bruit, à dose importante, a des effets sur la santé, particulièrement sur le stress. L'élément le plus probant, c'est la conséquence du bruit sur l'hypertension artérielle* ».

La vitesse

Plus la vitesse est importante, plus l'organisme subit un niveau de stress important. À ce sujet, une piste intéressante, qui tient compte de l'influence de la vitesse sur le stress, a été menée au Canada : en 2008. Il s'agissait d'une opération de limitation de la vitesse dans la commune de Lac-Beauport, intitulée « *Lac-Beauport Zone zéro stress : Réduisons la vitesse* ». Cette campagne s'est focalisée sur la sécurité et la qualité de vie. Pour encourager les automobilistes à adopter des comportements sécuritaires, la mairie a lancé une série de mesures préventives : installation de bacs de verdure et de panneaux d'affichage aux couleurs de la campagne en bordure de route, pose de tapis ralentisseurs, abaissement des limites de vitesse dans les secteurs à risques, etc.

Les variations de température

Le froid est une source de stress importante et d'autant plus ennuyeuse qu'il modifie sur de nombreux points le fonctionnement de l'organisme de manière identique au stress. Le froid entraîne un resserrement des vaisseaux de nos membres pour diminuer les pertes de température. Cela a des conséquences sur notre système cardiovasculaire et sur l'irrigation de nos membres.

Il est donc légitime de conseiller aux personnes âgées, aux personnes ayant des problèmes cardiaques ou de l'artérite, de ne pas trop s'exposer au froid, dans la mesure du possible.

Le froid entraîne aussi une réaction de stress qui va encore aggraver ce risque, car elle amplifie le resserrement des vaisseaux.

En outre, le froid, à travers la réaction de stress qu'il induit, va diminuer nos défenses naturelles et favoriser les infections en tout genre. Voilà une autre bonne raison d'inviter les personnes âgées à ne pas sortir en période de grand froid, leurs défenses naturelles étant en général moins solides ; une source de stress brutale peut favoriser le développement d'infections graves, notamment au niveau pulmonaire.

Lors de l'exposition au froid, il est important de bien se couvrir, de limiter le plus possible la durée de celle-ci et de consommer des boissons chaudes.

Lorsque l'exposition au froid dure, il faut proscrire les boissons alcoolisées qui, après une sensation de mieux-être, viendraient mettre la vie en danger en favorisant les pertes de chaleur de l'organisme.

La chaleur est aussi une source de stress importante. Elle peut avoir des conséquences majeures sur des salariés particulièrement exposés et sur les personnes âgées. C'est en raison de l'influence de la chaleur sur certaines professions que le gouvernement canadien[14] a tiré la sonnette d'alarme. La chaleur est une source de stress importante, qui, en s'associant à d'autres facteurs comme la déshydratation, inhérente à une perte de liquide importante et insuffisamment compensée, peut avoir des conséquences majeures.

Les modifications de pression

Lorsque l'on prend l'avion, l'altitude résiduelle dans la cabine est d'environ 2 000 mètres, si bien que la pression atmosphérique est inférieure à celle au sol. En outre, la diminution de la pression atmosphérique s'accompagne d'une baisse de la pression partielle en oxygène et donc du taux d'oxygène dans le sang. Ces deux sources de stress liées à la baisse de pression, si elles sont bien réelles, ne sont en général pas perçues comme telles.

Les causes d'origine chimique

Plus rares, ces causes ont le mérite d'offrir la possibilité de rendre hommage à Hans Selye lorsqu'il a montré que des substances toxiques différentes administrées à des animaux entraînaient toujours les mêmes lésions, au niveau du cartilage, des vaisseaux et du tissu immunitaire. C'est à la suite de cette constatation qu'il a parlé de réaction « non spécifique », comme nous l'avons vu plus haut.

Chez les abeilles, une étude[15] menée par des chercheurs de l'Université Royal Holloway de Londres est évocatrice. Ces chercheurs ont analysé l'influence de doses non létales de substances chimiques toxiques pour les abeilles. Pour que les colonies d'abeilles se développent normalement, il faut que chaque abeille participe pleinement à sa mission. Si des abeilles sont victimes d'un stress, provoqué par exemple par une dose non létale de substance chimique toxique, elles ne mèneront plus leur mission de manière satisfaisante et altéreront de ce fait le bon développement de la colonie. Les scientifiques ont remarqué que des doses non létales de substances chimiques toxiques généraient du stress chez l'abeille.

Les causes d'origine psychique

Qu'elles soient conscientes ou inconscientes, ce sont les plus fréquentes… Je vais ici n'en citer que quelques-unes, à titre d'exemples, car elles sont très nombreuses. Il s'agit avant tout de montrer leur diversité et leur étendue.

Les sources conscientes

— Il y a bien sûr la *perception d'un danger imminent*. Sur l'autoroute, lorsqu'un conducteur est confronté à un danger, il présente une réaction de stress qui, dans ce cas-là, va l'aider à survivre, notamment en contractant ses muscles et en protégeant ainsi son thorax et son abdomen.

— Il y a aussi les *tensions entre les personnes,* que ce soit au niveau professionnel ou familial. Parmi les soucis familiaux, les résultats des collégiens ou des lycéens sont des sources de stress qui s'avèrent parfois efficaces. C'est le cas quand un enfant rentre du collège avec deux notes :

- As-tu eu des notes aujourd'hui ?
- Euh oui, un quinze en maths et une note en français.
- Bravo pour les maths ! Et en français, tu as eu combien ?
- Il faut que je t'explique. Globalement, les notes de la classe sont basses. Même la meilleure élève de la classe n'a eu que douze...
- Ah, oui...

— Le *travail* peut aussi, dans de nombreux cas, être source de stress. La notion de danger est très présente dans de nombreux métiers. On comprend donc aisément comment la perception d'un danger permanent va générer du stress.

L'aléa est la source de stress typique des personnes qui sont confrontées à des éléments extérieurs, et notamment à la météo. C'est le cas de l'agriculteur qui récoltera les fruits de son travail si les conditions météorologiques sont favorables. C'est aussi celui du pêcheur qui pourra aller en mer si la tempête n'est pas trop violente...

L'enjeu sous-jacent à toute action est certainement la cause de stress la plus répandue à l'heure actuelle. Elle est liée au fait que cette action que l'on va entreprendre ou la décision que l'on va prendre va avoir des conséquences importantes. Et on n'a bien sûr jamais le choix entre blanc et noir, il s'agit de choix nuancés.

La charge de travail est d'autant plus redoutable si l'activité est peu intéressante et dépourvue de sens.

Les contraintes de temps illustrent bien le stress des temps actuels. Plus on réduit le temps nécessaire à la réalisation d'une mission, plus on augmente le niveau de stress. En outre, lorsque l'on diminue le temps imparti, on altère parfois le sens de l'action menée, ce qui multiplie les inconvénients.

Le changement est très souvent mal vécu. Cette notion doit être abordée avec prudence, car un changement peut être perçu comme infime par une personne et être vécu comme considérable par une autre. Le pessimisme important de notre pays fait du changement une source de stress majeure ; on est persuadé, souvent à tort, que demain sera forcément pire qu'aujourd'hui…

Le manque de liberté d'action est aussi générateur de stress. Souvenons-nous des propos du philosophe français Paul Ricœur dans son ouvrage *Soi-même comme un autre* (Seuil, 1990) : « *L'amputation du pouvoir d'agir, c'est de la souffrance.* » C'est le principe même du modèle de Karasek, un questionnaire de mesure du stress[16] au travail conçu par le sociologue et psychologue américain Robert Karasek en 1979, qui veut que la charge de travail est d'autant mieux supportée qu'elle est accompagnée d'une certaine liberté d'action. L'autonomie vient en outre renforcer la notion de confiance qui est protectrice.

La nécessité d'un niveau de concentration important de manière prolongée est très épuisante en raison du niveau de stress qu'elle induit. Il est donc essentiel de ne pas être interrompu dans ses missions de manière trop fréquente afin de ne pas avoir besoin de se concentrer de nouveau trop souvent.

L'insuffisance de considération, voire le mépris, sont des sources de stress très vives. Il est important d'être vigilant car, parfois, une attitude peut être perçue comme méprisante alors que telle n'était pas l'intention de départ.

Les carences en sentiment de justice sont elles aussi de violentes sources de stress en raison du sentiment de frustration qu'elles induisent.

Les conflits d'éthique, qui émergent lorsqu'il y a discordance entre les valeurs prônées et les valeurs réelles, sont également vécus comme des frustrations et génèrent donc du stress.

Une source de stress atypique, à la limite de la vie professionnelle, est le départ à la retraite. Il est plus que jamais nécessaire de préparer la vie qui vient après la retraite pour éviter de gros ennuis de santé au mauvais moment.

— Les *maladies*, qu'elles concernent soi-même ou ses proches, sont des sources de stress évidentes. Il convient là de remarquer que, parfois, le stress induit par la maladie va aggraver l'évolution de celle-ci. Les résultats d'une étude[17] menée par des chercheurs de l'Université de l'Iowa, du Centre de Recherche sur le Cancer de Houston, de la West Virginia University et de l'UCLA (Los Angeles) montrent que des hormones du stress, et notamment l'adrénaline et la noradrénaline, peuvent contribuer à la progression tumorale chez les patientes atteintes du cancer de l'ovaire. Il est donc indispensable de gérer le stress par tous les moyens possibles dans ces cas-là.

— L'*environnement de travail* s'avère parfois à l'origine de nombreux stress. C'est le cas notamment des embouteillages, des trains, métros et bus bondés. Un article paru sur le site Zevillage, le 21 février 2011, rend compte d'une enquête Regus, réalisée par l'Institut Marketing UK auprès de 10 000 personnes dans soixante-dix-huit pays, qui analyse les sept grands maux des trajets domicile-travail. Selon cette enquête, le premier des maux correspond aux embouteillages automobiles ou aux trains et bus bondés, pour plus de 72 % des personnes interrogées.

Dans la catégorie de l'environnement du travail, on pourrait aborder la gestion des enfants en bas âge avec le trajet du domicile à la crèche avant celui menant de la crèche au travail. Je serais tenté de penser que cela concerne surtout les mamans mais c'est certainement une activité de plus en plus partagée… Prenons l'exemple d'une mère qui le matin a trente minutes de transport en commun pour aller à la crèche déposer son enfant. Elle repart de la crèche et doit se dépêcher pour arriver à l'heure à son travail. Le soir, ce sera le schéma inverse, pas question de sortir en retard pour éviter une arrivée trop tardive à la crèche. Toute la journée, elle va penser à l'impérative nécessité d'arriver à l'heure. Et, là encore, nous sommes dans le cas où le bambin va bien. Car quand il a 38 °C de température, cela génère d'autres soucis et autant de causes de stress.

Une étude canadienne a d'ailleurs montré que les femmes étaient soumises à un nombre de sources de stress supérieur à celui des hommes. On comprend assez aisément pourquoi.

— Enfin, citons les sources de stress liées à nos *angoisses profondes* à savoir la peur de la maladie, de la dépendance, etc.

Les origines inconscientes

S'il n'était pas prémédiqué, un patient sous anesthésie générale pourrait tout à fait développer un ulcère de stress pendant l'intervention, preuve s'il en est que la conscience n'est pas utile pour développer une réaction de stress. Une femme âgée m'a dit un jour : « *Le soir, je ne regarde plus les publicités à la télévision, car lorsqu'ils parlent du contrat obsèques, je n'en dors plus de la nuit...* »

Mécanismes

Il s'agit de comprendre pourquoi une réaction indispensable à la survie peut devenir si problématique.

Une réaction de survie...

Dans les temps anciens, lorsqu'un être humain était confronté à un animal sauvage, la réaction de stress n'avait que des avantages. Ainsi, sous l'influence des hormones libérées, notre ancêtre dilatait ses bronches, permettant donc à l'oxygène d'être mieux diffusé dans son sang. La pression artérielle augmentait et le cerveau était alors mieux irrigué par un sang plus riche en oxygène. Du sucre était présent en plus grande quantité afin de fournir l'énergie nécessaire au combat. En outre, si l'animal blessait le chasseur, celui-ci modifiait sa coagulation et resserrait ses vaisseaux pour diminuer le risque d'hémorragie. Enfin, si l'animal était féroce, des endorphines – morphines naturelles – étaient sécrétées pour diminuer la douleur et permettre ainsi à l'individu de continuer à combattre dans des conditions optimales.

… devenue problématique

Si cette réaction nous pose aujourd'hui autant de problèmes, cela vient de quatre raisons, dont les deux premières sont les principales.

Une augmentation considérable des sources de stress

Marie-Claude Lamarche, psychologue canadienne spécialisée en santé psychologique au travail, est très claire sur ce point : « *Les humains sont programmés pour vivre entre cinq et sept réactions physiologiques de stress par semaine ; le Nord-Américain moyen en vit toutefois cinquante par jour*[18]. »

Un ami chef d'entreprise m'a un jour confié sa surprise quant à ce nombre de sources. Pensant que le nombre de cinquante était exagéré, il a entrepris de compter les sources le lundi suivant, entre 7 heures et 20 heures. Il m'a téléphoné le soir même, m'annonçant qu'il en avait subi… quatre-vingt-deux. Je lui ai alors conseillé d'arrêter de les compter, mais il en restait quand même encore quatre-vingt-un. D'autres moyens de protection devaient donc être mis en œuvre...

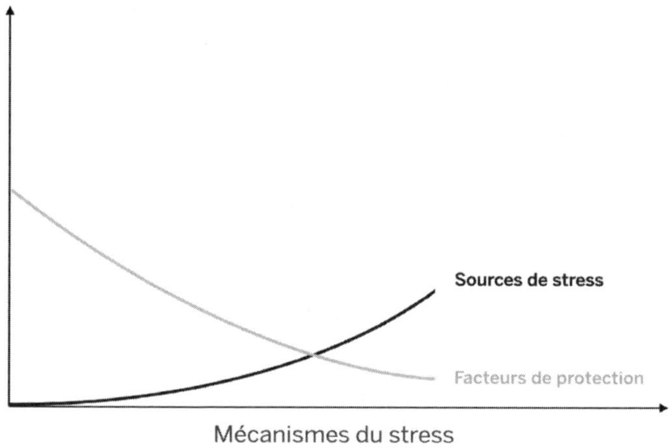

Baisse des « facteurs de protection »

Nous devons l'expression « facteurs de protection » au docteur Jean-Jacques Breton, pédopsychiatre à la clinique des troubles de l'humeur de l'hôpital Rivière des Prairies, à Montréal. Ainsi, il précise que « *si on favorise ces facteurs de protection, les gens peuvent améliorer leur capacité à faire face aux événements stressants. On peut les outiller*[19] ». Parmi les facteurs de protection avancés par le docteur Breton, on retrouve la présence d'objectifs dans la vie, la spiritualité dans le sens d'une vie intérieure, le sens, les liens sociaux, les valeurs, etc.

Pour illustrer l'efficacité de ces facteurs de protection, prenons deux exemples : le sens et les liens sociaux.

— Le sens est un facteur de protection très puissant. Dans une structure qui fait travailler des médecins urgentistes aux États-Unis, un nombre important de médecins faisait des burn-out. Il leur a alors été demandé de travailler une demi-journée par semaine sur leur « zone de passion »[20]. Ces médecins ont fait avancer les connaissances, ont pris conscience de leur utilité, ont perçu plus de sens dans l'exercice de leur métier et le nombre de cas d'épuisement a régressé.

— Il en est de même pour le lien social. Des études[21] ont montré qu'une absence de soutien augmenterait respectivement de 31 % et de 43 % le niveau de stress et d'anxiété chez les hommes et les femmes. De plus, selon une autre étude, les femmes qui avaient beaucoup de stress et un faible niveau de soutien social durant leur grossesse avaient plus de chances de connaître un travail prématuré ou une éclampsie[22].

Il est intéressant de constater qu'il en va de même chez l'animal. Des chercheurs américains des Universités de Chicago et Yale ont établi dans une étude[23] que l'isolement social et le stress vécus par des rats rendaient le cancer du sein à la fois plus probable et agressif.

Ces facteurs de protection jouent donc un rôle essentiel, or, dans « nos grands états modernes[24] », ils ont une fâcheuse tendance à régresser…

Une activité physique trop faible

Chez nombre de personnes, l'activité physique est devenue trop aléatoire. Or elle permet en quelque sorte de « consommer » les hormones libérées en excès en cas de stress.

Une alimentation pas toujours adaptée

Lors des périodes à haut niveau de stress, l'organisme retient du sel en raison de la sécrétion de plusieurs hormones (cortisol, aldostérone, etc.) et libère du sucre sous l'effet du cortisol et de l'adrénaline. Or, dans ces mêmes périodes, paradoxalement, l'appétence pour les produits sucrés et salés est importante. Ainsi, avons-nous tendance à consommer des aliments riches en sel et en sucre, alors qu'ils existent déjà en excès dans l'organisme.

Comment se traduit une réaction de stress ?

Quelle que soit la cause, la réaction de stress se traduit par une libération d'hormones, qui, lorsqu'elles sont présentes en petites quantités non seulement ne sont pas toxiques, mais sont au contraire utiles. C'est le cas du trac, une source de stress aigu qui nous aide à nous concentrer lorsque nous sommes confrontés à un public. En passant, souvenez-vous de l'intérêt d'avoir le trac ! L'un des élèves de Sacha Guitry lui aurait dit : « *Maître, c'est formidable, je n'ai pas le trac !* » À quoi le grand homme de théâtre aurait répondu : « *C'est normal, cela vient avec le talent.* » Si vous avez le trac, cela signifie donc que vous avez du talent.

En revanche, lorsque ces hormones sont sécrétées de manière importante et fréquente, elles s'accumulent et peuvent produire des effets toxiques. Parmi ces hormones, on peut citer l'adrénaline, la noradrénaline, le cortisol et l'aldostérone, etc.

L'adrénaline augmente la force de contraction du muscle cardiaque, accélère la fréquence de contraction du cœur, et resserre les vaisseaux. Elle dilate les bronches afin de permettre à l'oxygène de mieux passer dans le sang. Elle contribue à augmenter le taux de sucre dans le sang.

La noradrénaline agit essentiellement en resserrant les vaisseaux.

Le cortisol est une hormone puissamment anti-inflammatoire et antiallergique. Elle va retenir du sel et de l'eau dans l'organisme et faire fuir le potassium. Elle contribue également à augmenter le taux de sucre.

L'aldostérone, hormone impliquée dans la régulation de la pression artérielle, va notamment retenir du sel et de l'eau dans l'organisme et faire fuir le potassium.

Réfléchissons ensemble...

On sait par exemple que le stress favorise les réactions allergiques ou encore qu'il augmente la libération d'adrénaline et de cortisol.

Quand un patient vient aux urgences avec une réaction allergique sévère, une urticaire géante par exemple, on utilise en première intention des corticoïdes (cortisol de synthèse) et, si cela ne suffit pas, de l'adrénaline.

Ce n'est pas logique, allez-vous penser…

Cela s'explique cependant fort bien. Une réaction de stress intense provoque la libération de cortisol et d'adrénaline. Quelques minutes plus tard, ces hormones ayant pourtant été sécrétées en grosses quantités lors de l'accès de stress, seront à un taux insuffisant dans l'organisme, favorisant la survenue de la réaction allergique. C'est là que l'administration de ces substances devient logique.

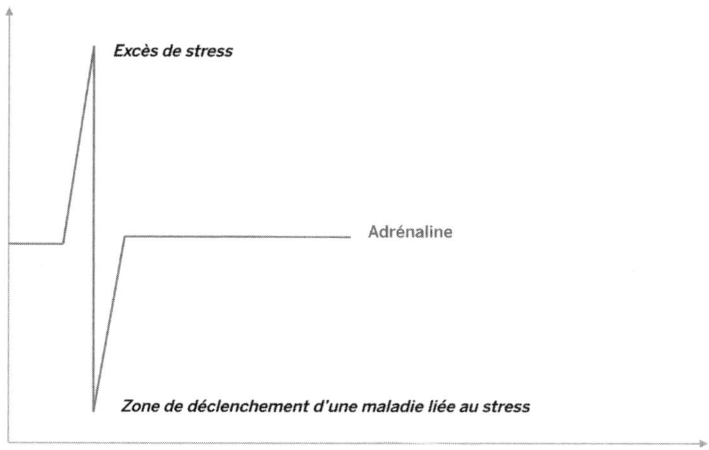

Mécanismes du stress

Femmes, hommes et ocytocine

Une exposition déséquilibrée

Les femmes sont exposées à un plus grand nombre de sources de stress que les hommes… De nombreuses études, réalisées notamment au Canada, le confirment. Parmi celles-ci, l'une explique que les principales raisons tiennent au fait que les femmes consacrent, en plus de leur travail, davantage de temps aux tâches ménagères et aux enfants.

Des effets différents

Les effets du stress sont différents chez les femmes et les hommes…

Cela commence tôt ! En effet, selon une étude menée par l'Université de Californie, publiée en 2010 par *BMP Public Health*, le taux de mortalité des fœtus masculins a fortement grimpé aux États-Unis en septembre 2001, suite au choc des attentats du 11 septembre, si bien que le nombre de garçons nés en décembre cette année-là est inférieur à ce qu'il aurait dû être. Selon le professeur Tim Bruckner, enseignant en santé publique et directeur de l'étude, « *dans plusieurs espèces vivantes, il est prouvé que le stress réduit le taux de naissance des mâles* ».

Et cela dure… Une autre étude, menée par l'équipe de Mara Mather, professeur à l'Université de Californie du Sud, aborde les différences de réaction chez les femmes et les hommes face à des situations de stress. Ainsi, il semblerait que dans ce cas, les hommes présentent une diminution de l'activité de la zone de leur cerveau à l'origine de la compréhension des sentiments d'autrui et aient plus tendance à se replier sur eux-mêmes.

Confrontées à la même situation, les femmes verraient l'activité de la même zone de leur cerveau croître et auraient donc plus tendance à exprimer leurs émotions. Selon l'étude menée par le docteur Laura Cousin Klein, professeur adjoint à la santé au Biobehavioral Penn

State University, cela pourrait provenir de l'influence d'une hormone qui, en situation de stress, ne s'exprime pas de la même manière chez les hommes et les femmes : l'ocytocine (hormone de l'attachement). En effet, selon les travaux de ce médecin, en situation de stress, la femme et l'homme sécrètent tous deux de l'ocytocine.

En revanche, l'effet de l'ocytocine est amplifié chez la femme en raison de la présence des œstrogènes, alors qu'il est diminué chez l'homme par la testostérone. Or, l'ocytocine, est l'hormone de... l'empathie !

En situation de stress, les femmes tendent donc à être intellectuellement plus performantes que les hommes en raison de cette hormone.

Si l'on veut vérifier le phénomène en l'amplifiant, on va mesurer l'effet de la caféine sur des femmes et des hommes stressés. Une étude parue en décembre 2010 dans le *Journal of Applied Social Psychology* aborde justement l'influence de la caféine en cas de stress.

Selon cette étude, si des hommes stressés prennent de la caféine, ils deviennent moins performants, intellectuellement parlant. Alors que des femmes exposées aux mêmes conditions augmentent, elles, leurs performances intellectuelles.

Bon et mauvais stress

Existe-t-il un bon et un mauvais stress ? Voilà certainement la question la plus souvent posée.

Lors d'un malaise, lors d'un accident, le stress peut nous sauver la vie ! Lorsque l'on doit prendre la parole en public, on éprouve un certain stress qui va nous aider à nous concentrer dès le départ. Très vite, il disparaît avec le plaisir d'intervenir…

Dans certains rares cas, le stress peut avoir des effets positifs. Si l'on a une activité physique, si le stress se produit peu et s'il est associé à de solides facteurs de protection, il peut en effet s'avérer bénéfique.

Le problème vient essentiellement du stress subi, fréquent, non accompagné d'activité physique ou de facteurs de protection. Là, le nombre de sources est tellement élevé que cela le rend globalement toxique. À l'image du sucre, un morceau est bon pour la santé. Mais si l'on en consomme cinquante par jour, le cinquante et unième sera toxique pour l'organisme.

La cinquante et unième source de stress peut donc à la fois nous aider à survivre en cas d'accident et s'avérer en même temps toxique pour notre organisme. Ce qui est certain, c'est que le stress ne sera pas la clé à mobiliser si l'on veut obtenir une performance… durable.

Tous égaux face au stress ?

Nous avons vu que les femmes résistaient mieux que les hommes face au stress. Mais, indépendamment du sexe, existe-t-il d'autres facteurs qui expliqueraient une sensibilité différente d'un individu à l'autre ?

Les travaux menés par le docteur Deane Aikins, psychiatre de l'Université de Yale, et présentés lors de la conférence annuelle de l'American Association for the Advancement of Science (AAAS), réunie à Chicago en février 2009, prouveraient que certaines personnes résistent mieux au stress que d'autres, au point de pouvoir continuer à agir efficacement en cas de niveau de stress important.

Ces travaux montreraient un niveau de cortisol plus bas chez les personnes résistant naturellement au stress, lorsque celles-ci sont soumises à des sources de stress intenses.

Parallèlement à cette absence d'augmentation du cortisol, on constaterait, chez les patients « résistants » au stress, un taux plus élevé de neuropeptides Y, une substance permettant de réduire les effets du stress.

Une étude à rapprocher de celle menée par l'équipe du docteur David Goldman, parue dans la revue *Nature* en avril 2008, qui montrait que des « *variations héréditaires de la quantité d'une molécule réduisant l'anxiété aident à expliquer pourquoi certaines personnes peuvent tolérer le stress mieux que d'autres* ». La molécule libérée en cas de stress et qui réduit l'anxiété s'appelle… neuropeptide Y.

La réponse est donc simple : plus le taux de neuropeptides Y dont on dispose est élevé, plus on résiste au stress.

Certaines personnes ont un taux de neuropeptides Y tel que cela se ressent au niveau de leur comportement. Je me souviens d'un échange avec Jean-Loup Chrétien, le spationaute. Il m'expliquait son premier lancement dans l'espace : « *À un moment, il y a des vibrations terribles et un bruit important. Là, je me suis dit, les ingénieurs à l'origine de ces lanceurs sont tellement pointus que l'on ne peut pas avoir d'ennuis...* »

Si le fait d'avoir un taux de neuropeptides Y élevé est un atout pour résister au stress, il peut dans certains cas s'avérer une source de difficultés. Lorsque l'on jouit d'une bonne résistance, on n'imagine pas forcément qu'un proche, un collègue, ou un collaborateur ne résiste pas aussi bien que nous; on ne comprend pas que l'on puisse générer du stress chez lui, alors que ce n'est pas le cas chez nous.

Des conséquences variées

Les conséquences du stress se font aussi bien sentir sur la santé que sur le sport, la scolarité, l'entreprise ou l'économie.

Sur la santé

On peut retenir que le stress favorise le développement de certaines maladies et aggrave l'évolution d'autres. À titre d'exemple, citons l'influence du stress sur les maladies cardiovasculaires (hypertension artérielle, infarctus du myocarde, angine de poitrine, accident vasculaire cérébral, etc.), sur les pathologies impliquant le système immunitaire (augmentation du risque d'allergies, diminution des défenses naturelles et donc majoration des épisodes infectieux, maladies auto-immunes, etc.), sur les affections rhumatismales (arthrose, troubles musculo-squelettiques, etc.), sur les troubles digestifs (ulcères gastriques, gastrites, reflux gastro-œsophagien, altération de la flore intestinale, colopathies fonctionnelles, etc.), et sur les désordres moraux (dépressions, suicides, burn-out, etc.), sur le taux de cholestérol, etc. Très régulièrement, des chercheurs découvrent de nouveaux liens entre stress et maladie.

Sur la scolarité

Le stress peut faire échouer un collégien ou un lycéen brillant, intellectuellement parlant, mais victime d'une source de stress importante. Le stress est d'autant plus intense que l'on peine à relativiser, ce qui est souvent le cas chez un jeune.

Une étude[25] menée par une équipe de chercheurs de l'Université de Dalian (Chine) et de l'Oregon (États-Unis), montre l'influence entre le niveau de stress et la performance intellectuelle. Il s'avère que lorsqu'on diminue le niveau du stress des étudiants – par la méditation dans le cas de l'étude – on « *améliore le rendement émotif et cognitif* » de ceux-ci. On a aussi montré que, dans cette même situation, chez ces étudiants, « *la prédisposition à la fatigue et à la colère, ainsi qu'à l'inquiétude et à la dépression* » diminuait.

Selon un classement réalisé par l'OCDE (Organisation de Coopération et de Développement Économiques) sur la qualité de vie en classe, il ressort que sur vingt-cinq pays, la France arrive en vingt-troisième position.

Des résultats en harmonie avec le sondage réalisé par l'AFEV (Association de la Fondation Étudiante pour la Ville), qui montre que 35,9 % des élèves ont peur avant d'aller en cours. À titre de comparaison, ils étaient 28 % en 2009.

Sur la pratique sportive

L'activité physique intense liée à la pratique d'un sport de haut niveau entraîne des dérèglements hormonaux, à savoir une augmentation du cortisol et une baisse des hormones sexuelles. Or le stress entraîne des dérèglements hormonaux identiques. On comprend aisément pourquoi un sportif de haut niveau sera d'autant plus performant qu'il sera… serein. Le célèbre champion jamaïcain Usain Bolt a ainsi déclaré : « *J'essaie de vivre ma vie d'une manière détendue et sans stress*[26]. »

Sur la performance

Sur le plan de la performance, on a longtemps pensé qu'un peu de stress était nécessaire. Cette perception se traduisait sur une courbe d'allure gaussienne. Le début de la courbe se situait dans une zone de bien-être, où le salarié ne subissait pas de stress. Il était donc censé ne pas être performant. La courbe retombe dans un secteur où le niveau de stress est excessif. Là, on reconnaît que l'excès est néfaste pour la performance. Le milieu de la courbe ou le faîte de la cloche reflète la corrélation entre un certain niveau de stress et un bon niveau de performance.

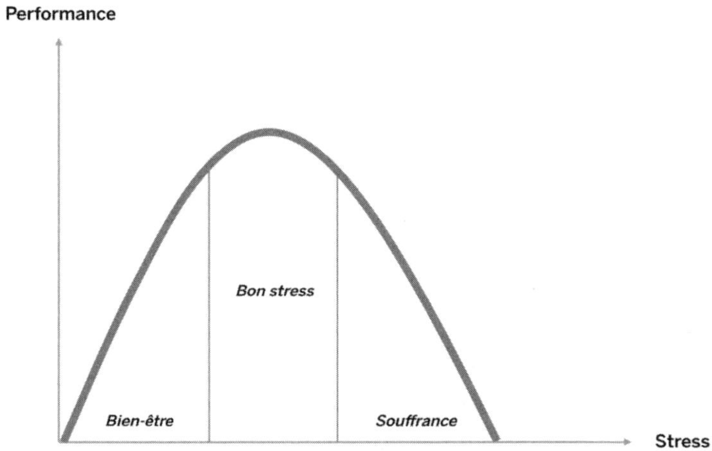

Il était donc aisé d'en déduire que le management par le stress pouvait s'avérer probant. Il convient de remarquer que cette courbe s'appuie sur une étude[27] réalisée en 1908 sur des... souris. Or les récents travaux du professeur Éric Gosselin[28] sont, sur ce point, très riches d'enseignement.

La méta-analyse réalisée par son équipe porte sur cinquante-deux études indépendantes. Ces travaux démontrent que la courbe d'allure gaussienne citée précédemment, reflétant un niveau de performance qui augmente en corrélation avec le « juste » niveau de stress, n'est significative que dans... 10 % des cas !

Dans 15 % des situations observées, le stress n'a pas d'incidence significative.

En revanche, dans 75 % des cas, les chercheurs observent que, dès que le stress augmente, la performance diminue !

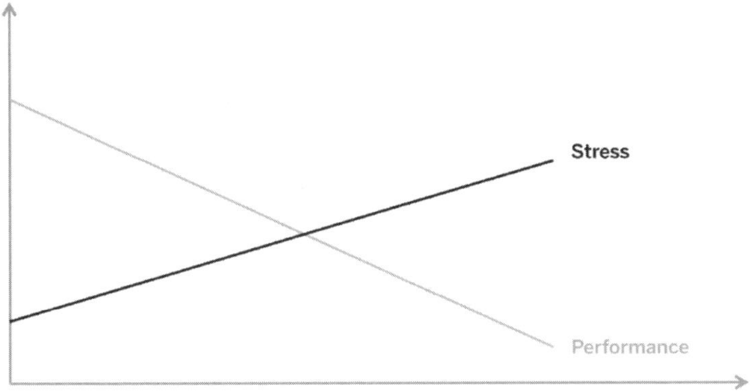

Influence du stress sur la performance dans 75 % des cas

Le stress est néfaste à l'efficience intellectuelle, contrairement à la sérénité, qui l'améliore, comme le confirme l'étude sino-américaine citée précédemment.

Il y a quelques années, le niveau moyen de stress de la population, notamment française, était beaucoup plus bas et les facteurs de protection plus élevés, il pouvait donc être tentant d'aller chercher de la performance en augmentant le niveau de stress.

Actuellement, le niveau moyen de stress est nettement plus élevé et les facteurs de protection se sont effondrés. Pour aller chercher des résultats, il est donc essentiel de diminuer le plus possible le niveau de stress et de renforcer les facteurs de protection.

Sur l'entreprise

Rien que sur le plan financier, le stress revient cher à l'entreprise. Selon une étude menée par le docteur Claudia Put[29], le coût du stress au travail pour les entreprises flamandes s'élève à… 13 milliards d'euros par an !

Cette analyse est intéressante, d'une part, car Claudia Put aborde l'influence néfaste de la crise sur le niveau de stress, et d'autre part, car elle prend en compte la part du présentéisme dans le coût du stress au travail. Selon ce médecin, l'importance du présentéisme est supérieure à celle de l'absentéisme et de loin. « *Le présentéisme atteint 61 % des coûts totaux relatifs à la santé dans une entreprise, suivi par les frais médicaux (28 %) et l'absentéisme (10 %)* ». Ainsi, la « *perte de productivité due au stress au travail au sein d'une entreprise qui compte par exemple 500 travailleurs s'élève à 2 millions d'euros par an* ».

Sur l'économie

Le stress coûte très cher à l'économie d'un pays. Ainsi, en France, le coût du stress professionnel est estimé par le BIT à 51 milliards d'euros par an !

CHAPITRE 2

Reconnaître le stress...

Il est intéressant d'avoir présents à l'esprit quelques signes évocateurs d'un niveau de stress important, que ce soit pour soi, pour ses proches, pour ses collègues ou ses collaborateurs.

Des signes physiques

Tensions musculaires

Le stress favorise des contractures douloureuses, notamment au niveau des muscles du rachis cervical, dorsal ou lombaire. Cela entraîne des douleurs directement liées à la contracture et parfois de manière indirecte en « aidant » une hernie discale *a minima* à s'exprimer. L'expression populaire « j'en ai plein le dos » prend ici tout son sens...

Maux de tête

Certaines hormones du stress entraînent un resserrement de nos vaisseaux. Lorsque l'action de ces hormones s'arrête, on assiste à une vasodilatation brutale des mêmes vaisseaux favorisant ainsi l'émergence de migraines ou de maux de tête.

Selon une étude de l'équipe du docteur Sara H. Schramm[30] auprès de 5 159 personnes pendant deux ans, l'augmentation du niveau de stress favorise la survenue de céphalées de tension, de migraines et d'un autre type encore de maux de tête. Le médecin explique que ces résultats « *démontrent que le stress peut contribuer à l'apparition de maux de tête et en aggraver la sévérité* ».

Fatigue

Les hormones du stress ont, dans l'ensemble, une action stimulante. Le cortisol est aussi appelé « hormone d'éveil ». Lorsque leur taux diminue parce que l'on s'éloigne de la source de stress, on peut éprouver une sensation de fatigue intense.

Le stress peut aussi contribuer à augmenter la tension artérielle, cette dernière s'exprimant parfois sous forme de fatigue.

Troubles du sommeil

En raison de la sécrétion de cortisol, hormone d'éveil, le stress peut altérer le sommeil en rendant l'endormissement difficile et en favorisant les réveils fréquents.

Variation lente du cortisol sur 24 heures

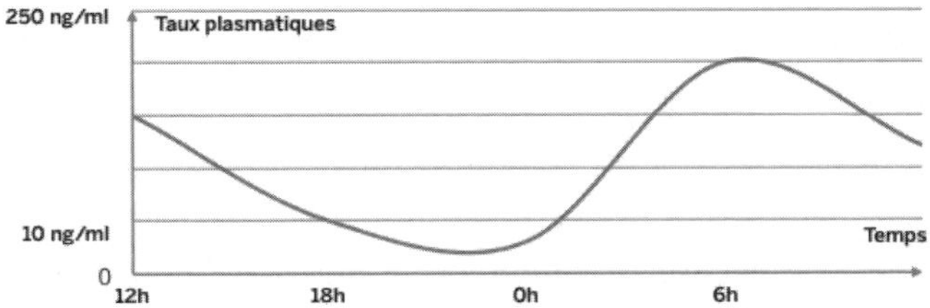

Théoriquement, le pic de sécrétion du cortisol se produit à 8 heures, puis le taux baisse au cours de la journée pour, le soir, devenir suffisamment bas pour être compatible avec l'endormissement. Si, en raison de sources de stress intenses et tardives, le taux de cortisol est élevé le soir, s'endormir devient compliqué.

A de l'appétit

Dans la plupart des cas, le stress augmente l'appétit. Dans quelques cas, il peut aussi le diminuer. Menée par l'équipe de Charlotta Eriksson, du Karolinska Institute de Stockholm, et publiée début 2014 dans la revue *Environmental Health Perspectives*, une étude aborde l'influence du stress induit par le bruit sur le tour de taille. Pour une élévation de cinq décibels du niveau de bruit pendant huit à dix ans, le tour de taille augmenterait d'un centimètre et demi. Cette augmentation serait liée au stress provoqué par le bruit et notamment à l'augmentation du taux de l'une des hormones du stress, le cortisol.

Des signes intellectuels

Le stress, nous l'avons déjà abordé, produit une action néfaste sur nos capacités intellectuelles. Il altère donc nos capacités de concentration, de mémorisation et notre aptitude à prendre des décisions. Une étude assez récente, menée par l'équipe de Lisa Vizer, de l'University of Maryland, Baltimore County, a montré que le stress modifie même la manière dont on utilise le clavier de notre ordinateur. Cette étude a mis en évidence que le stress influencerait différemment la manière d'utiliser le clavier selon qu'il soit d'origine physique ou psychique : « *Il est alors apparu que le stress cognitif causait plus de changements au niveau de la manière de taper, et que le stress physique influençait plutôt les caractéristiques linguistiques. Par exemple, le stress cognitif entraînait une augmentation de l'emploi de la touche "verrouillage des majuscules" et réduisait l'utilisation de la touche "effacer".* »

Des signes émotionnels

Globalement, le stress rend plus agressif, plus irritable, plus anxieux, plus triste… À ce stade de l'ouvrage, il est intéressant d'aborder les différences de réactions face au stress, selon que l'on est une femme ou un homme. Les chercheurs du Centre de la Vie quotidienne des Familles, de l'Université de Californie, ont mené une enquête[31] sur le stress des couples, évocatrice des différences de réaction entre les femmes et les hommes. Le niveau de stress des membres des différents couples a été estimé grâce à la mesure du taux de cortisol (hormone du stress) dans leur salive.

Une femme voit son taux de cortisol baisser si son époux est avec elle et l'aide à mener à bien des tâches ménagères. Tandis qu'un homme voit son taux de cortisol baisser quand il se détend, seul... Il semblerait même qu'un homme qui sait que son épouse s'occupe des tâches ménagères se détende encore plus...

Des signes comportementaux

Comportements addictifs

Le stress favorise toutes les addictions, mais c'est essentiellement le lien entre le stress et l'alcool qui sera abordé ici, car il représente un piège très dangereux. Lorsque l'on subit un niveau de stress important, on éprouve plus facilement l'envie de consommer une boisson alcoolisée. La raison en est simple : l'alcool favorise la libération de GABA (Gamma Amino Butyrique Acid), principal neuromédiateur apaisant de l'organisme. Ainsi, en buvant de l'alcool, on trouve indirectement le moyen de diminuer les effets du stress et de se sentir mieux. Le problème est que, dans le temps, le même effet apaisant sera obtenu avec une dose croissante d'alcool et le risque de devenir alcoolique s'avère réel.

Tendance à l'isolement, à la précipitation, au désinvestissement

Le stress ne favorise pas une action coordonnée et réfléchie, loin de là. Il entraîne au contraire une forme de précipitation, souvent inefficace et qui favorise le désinvestissement.

La présence d'un seul de ces signes n'est pas évocatrice. En revanche, si vous en présentez plusieurs ou si l'un de vos proches, collègues, ou encore collaborateurs est dans ce cas, cela peut signifier que le niveau de stress qu'il subit est important.

La connaissance de ces signes permet d'être plus vigilant vis-à-vis de soi-même, de ses proches, de ses collègues ou de ses collaborateurs, dans une logique de « *vigilance partagée* ».

CHAPITRE 3
Comment se protéger soi ?

Pratiquer une activité physique régulière et modérée

L'activité physique, en « consommant » les hormones libérées en excès en cas de stress, constituerait un bon moyen de se protéger soi. L'idéal serait que toute personne sédentaire parvienne à marcher au moins trente minutes par jour.

Les activités physiques « déguisées » s'avèrent aussi efficaces, si l'on en croit une étude[32] réalisée par des chercheurs anglais de l'University College London, qui montrerait l'effet positif du ménage sur le stress : « *Réalisée sur 20 000 personnes dont 3 200 présentaient des signes de stress et d'anxiété, l'expérience montre que faire vingt minutes de ménage par semaine réduirait le stress et les risques de dépression.* »

Selon le professeur Guy Thibault[33], professeur de physiologie de l'exercice à Québec, les personnes qui pratiquent « *la marche, la natation, le roller, la montée d'escaliers, la bicyclette ou la course à pied, courent beaucoup moins de risques de souffrir des problèmes de santé suivants :*

- *maladies cardiovasculaires dont l'hypertension ;*
- *dyslipidémies (trop de « mauvais » cholestérol, pas assez de « bon ») ;*
- *diabète de type 2 (non insulinodépendant) ;*
- *embonpoint et obésité (à condition d'avoir une alimentation appropriée) ;*
- *ostéoporose…* »

Quant à l'impact de ces activités physiques sur la santé mentale, Guy Thibault, même s'il reste prudent, se montre cependant très clair : « *On dispose de données qui indiquent assez clairement que les activités physiques aérobies, même lorsqu'elles sont pratiquées à intensité faible ou moyenne, sont associées à l'atténuation des symptômes de l'anxiété et de la dépression.* »

Adapter son alimentation

Diminuer les apports en sucre et en sel

En cas de stress important, plusieurs hormones libérées (cortisol, adrénaline, etc.) ont tendance à augmenter le taux de sucre dans le sang. Dans des périodes-là, il est donc recommandé de ne pas consommer trop de produits riches en sucre.

La même réaction entraîne également une rétention du sel dans l'organisme, en raison de l'action du cortisol et de l'aldostérone. Durant des périodes très tendues, il sera donc opportun de ne pas trop augmenter les apports en sel.

Apporter des antioxydants

Le stress entraîne une oxydation de nos molécules, ce qui peut favoriser le passage d'une maladie aiguë à une maladie chronique. Il peut donc être intéressant de consommer des aliments ayant une action antioxydante.

Parmi ceux-ci, on peut citer les fruits rouges (fraises, framboises, canneberges, cerises, mûres, myrtilles, raisin rouge, etc.), les pommes, les pêches, les oranges, les papayes, les betteraves rouges, les tomates, les épinards, les brocolis, les melons, les oignons rouges, le thé, l'huile d'olive et... le chocolat noir !

Selon une étude[34] menée sur trente participants par le Centre de Recherche Nestlé et validée par des chercheurs indépendants – comme cela est le cas pour toutes les publications scientifiques –, la consommation de quarante grammes de chocolat noir par jour pendant deux semaines diminuerait le niveau d'hormones du stress, cortisol et adrénaline notamment.

Apporter des vitamines B et D

Bienfaits sur le stress

Une étude[35] parue dans la revue *Human Psychopharmacology* montre l'influence bénéfique des vitamines B sur le stress. D'une durée de trois mois, elle a porté sur soixante personnes et été contrôlée par placebo, c'est-à-dire que des patients prenaient de la vitamine B et d'autres un produit inactif sans que chacun sache ce qu'il prenait.

Dans le groupe qui prenait des vitamines B, on a constaté une diminution du niveau de stress d'environ 20 % au bout de quatre-vingt-dix jours.

On trouve des vitamines B dans la levure de bière, le soja, les épinards, la mâche, le melon, la laitue, les endives, le choux, les poireaux, les artichauts, les haricots verts, les petits pois, les radis, les asperges, les betteraves, les courgettes, les avocats, les lentilles, les carottes, les tomates, les oignons, les potirons, le maïs, les poivrons, les châtaignes, les oléagineux et les légumineuses (noix, pois chiche, etc.), les germes de blé, les œufs, les poissons, les abats, les fromages affinés (brie, bleu, chèvre, etc.), les agrumes, les bananes, les kiwis, les fruits rouges, les dattes, les figues, le pain, etc.

Bienfaits sur les leucocytes

Quant à la vitamine D, une étude de l'*American Journal of Clinical Nutrition* aborde son influence sur les leucocytes. En augmentant la longueur télomérique[36] des leucocytes, la vitamine D protégerait notre organisme des effets du stress chronique. En effet, avec ce dernier, la longueur télomérique diminue. Et c'est cette conséquence que la vitamine D corrigerait. Son apport irait jusqu'à compenser la longueur télomérique correspondant à une durée de vie de cinq ans.

On trouve de la vitamine D dans les produits laitiers, les œufs, les champignons, les poissons, la levure, etc. L'exposition au soleil favorise aussi la synthèse de vitamine D, exposition qui doit bien sûr rester modérée pour éviter d'autres problèmes.

Selon le ministère des Affaires sociales et de la Santé, « *pour une personne à la peau claire, de courtes expositions au soleil (cinq à dix minutes, deux à trois fois par semaine lors d'une journée ensoleillée) d'une petite partie du corps (visage et avant-bras) suffisent à une synthèse maximale de la vitamine D*[37] ».

L'OMS recommande d'ailleurs de compenser un déficit éventuel en vitamine D par la voie orale.

Apporter des probiotiques

Si l'idée d'une influence du psychisme sur l'intestin n'est pas récente, celle relative à l'influence de la flore intestinale et des probiotiques sur le cerveau est beaucoup plus récente.

Le professeur Stephen Collins[38], de McMaster University Medical Centre, à Hamilton (Canada), précise : « *Dans un tel modèle, des facteurs psychologiques, tels le stress ou l'anxiété, ont une influence sur la physiologie intestinale, altérant ainsi l'habitat de la micro-*

flore. La microflore va à son tour avoir un impact sur la physiologie intestinale, ainsi que sur les défenses immunitaires au niveau de la muqueuse digestive. Nos récents résultats indiquent que des perturbations de la microflore digestive peuvent influer sur le comportement. Ces données soulèvent l'hypothèse d'un rôle central de la microflore dans le cas de troubles gastro-intestinaux fonctionnels comme le syndrome de l'intestin irritable, pour lequel des perturbations de la flore vont non seulement induire des dysfonctionnements intestinaux, mais pourraient aussi contribuer à la comorbidité psychiatrique que l'on retrouve chez 60 % des patients. »

Parallèlement, des chercheurs[39] de l'École de médecine de l'Université de Stanford, en Californie, ont mis en évidence que des troubles digestifs comme les colopathies fonctionnelles, survenant tôt dans l'existence, pourraient favoriser des pathologies psychiques comme la dépression.

D'autres chercheurs, comme John Cryan, professeur d'anatomie à l'Université de Cork, le docteur Javier Bravo, le docteur Hélène Savignac et le professeur Ted Dinan, ont mis en évidence l'influence de l'apport de probiotiques chez la souris. Dans cette étude, il est mis en évidence que des souris qui consomment des probiotiques « Lactobacillus rhamnosus JB-1 » ont moins de stress, d'anxiété et de dépression que celles qui n'en absorbent pas. Ces probiotiques diminueraient le taux de cortisol (l'une des hormones du stress) et augmenteraient celui de GABA (Acide Gamma Amino Butyrique), principal neuromédiateur apaisant de l'organisme.

Un article paru sur le site Science Daily[40] aborde l'influence des probiotiques sur l'état moral suite à la publication d'une étude, menée par l'équipe de Timothy Dinan de l'University College Cork, en Irlande, dans la revue *Biological Psychiatry*.

L'influence supposée des probiotiques sur la santé est ancienne puisque, dès 1908, un scientifique russe, Elie Metchnikoff, expliquait que les Européens ruraux qui consommaient régulièrement des produits à base de lait fermenté bénéficiaient d'un allongement de la durée de leur vie.

Les auteurs de cette nouvelle étude abordent le concept de « psychobiotique » pour définir des organismes vivants qui, lorsqu'ils sont ingérés en quantité suffisante, amélioreraient l'état psychique. Le stress du début de la vie, comme la séparation de la mère et de l'enfant, entraînerait des modifications de la flore intestinale.

L'équipe de Timothy Dinan a étudié l'influence d'un probiotique spécifique, B. infantis, chez des rats présentant des symptômes dépressifs après la séparation de la mère. L'ingestion de ce probiotique améliorerait aussi bien l'état moral que la réponse immunitaire des rats en question. Cette amélioration de la réponse immunitaire serait peut-être à l'origine d'une diminution de l'état inflammatoire de l'organisme.

Chez l'humain, des études montreraient une amélioration de l'humeur suite à l'absorption de probiotiques (L. Helveticus R0052 et B. longum) par rapport à des personnes consommant des placebos. Pour Timothy Dinan, il est clair que seul un petit nombre de probiotiques produit une action sur l'humeur et peuvent donc être considérés comme des psychobiotiques.

Pour le docteur John Krystal, rédacteur en chef de *Biological Psychiatry*, « *ce nouveau domaine fascinant de la recherche pourrait ouvrir de nouvelles possibilités pour le traitement de la dépression*[41] ».

On trouve des probiotiques dans la levure de bière, les yaourts, le pain au levain, la bière de garde, les olives, les croûtes de fromage, les fromages bleus, etc.

Consommer des noix

Une étude[42] menée par l'équipe du Docteur West, publiée dans le *Journal of the American College of Nutrition*, met en évidence les effets bénéfiques des noix sur la pression artérielle, le taux de cholestérol et l'inflammation.

En effet, la consommation de neuf noix par jour et d'une cuillère à soupe d'huile de noix entraînerait une baisse de la pression artérielle au repos et secondaire à un stress. En outre, d'autres études ont mis en évidence que les oméga 3, comme l'acide alpha-linolénique, contenus dans les noix et l'huile de lin, produisent une action anti-inflammatoire qui se traduit par la baisse d'un témoin d'inflammation, le CRP (C Réactive Protéine).

Inhaler certaines fragrances

Selon une étude menée par l'équipe de Akio Nakamura parue dans le *Journal of Agricultural and Food Chemistry* en 2009, l'influence de l'inhalation de certaines fragrances sur le stress est intéressante.

Pour ces chercheurs, le linalol (ou linalool), extrait de la lavande, du jasmin, du basilic ou de la coriandre, apaiserait le stress émotionnel. Ces derniers ont fait inhaler du linalol à des rats victimes de stress et le résultat a été encourageant : des déséquilibres sanguins induits par le stress sont revenus plus vite à la normale.

Une étude coréenne avait par ailleurs déjà montré l'aspect bénéfique sur le stress de l'inhalation d'odeurs de café fraîchement moulu chez le rat.

Apprendre à faire la part des choses

Spontanément, nous sommes assez peu aptes à faire la part des choses. Si nous avons deux bonnes nouvelles et une mauvaise, cette dernière suffira à nous donner l'impression que la journée s'est mal passée. Si un jour nous avons reçu une bonne nouvelle, le lendemain, son effet est très atténué. Si au contraire, nous subissons une mauvaise nouvelle, le lendemain, son souvenir reste intact.

Souvent, dans ces moments difficiles, on repense à ses soucis, ce qui altère la qualité du sommeil et donc la capacité à récupérer de journées pénibles. Et le lendemain est pire que la veille en raison de la fatigue accumulée.

Pour éviter une telle spirale, il est intéressant, le soir, d'apprendre à notre cerveau à faire la part des choses et à s'imprégner des meilleurs moments de la journée.

À cet effet, avant de se coucher, il peut être efficace de prendre une feuille de papier et de la séparer verticalement en deux colonnes.

Dans l'une de ces colonnes, on note les éléments négatifs de la journée. Dans l'autre, les éléments positifs, car même lorsque les temps sont durs, si on y prête garde, il existe des moments agréables : on a laissé traverser un enfant au niveau d'un passage protégé et il nous a remercié, un échange avec un voisin a été très sympathique, un entretien avec une collègue en difficulté a permis de l'aider, votre enfant a reçu une bonne note…

Parmi ces éléments positifs, on repère les trois les plus significatifs à nos yeux et, lorsque l'on se couche, on se force à y penser.

Après quelques jours, on se sent mieux, et au bout de quelques semaines, le gain, en termes de sérénité, est tellement significatif qu'il se traduit physiquement !

Avec ce principe, on peut aller jusqu'à améliorer des troubles psychosomatiques. En revanche, il faut prendre le temps de le faire bien, c'est-à-dire de l'écrire. Souvent, on me dit, « j'y pense ». Eh bien, si l'on y pense seulement, c'est moins efficace.

Points négatifs	Points positifs
Relations difficiles avec un collègue	Rencontre prometteuse sur le plan professionnel
E-mail désagréable du supérieur hiérarchique	Échange téléphonique agréable avec un collaborateur
Difficultés à se concentrer	Projet difficile qui progresse
Inquiétude quant à la motivation d'un collaborateur	Nouveau projet en cours d'étude, passionnant à développer
	Échange sur les prochaines vacances

- 1 : Faire la liste
- 2 : Repérer les trois points les plus importants pour soi
- 3 : S'efforcer de penser à ces trois points en se couchant

Il convient aussi de remarquer que ce principe peut s'appliquer dès l'adolescence et ce jusqu'à un âge très avancé. Chez les enfants en bas âge, victimes d'un certain niveau de stress, il peut être intéressant de leur faire raconter leur journée et, une fois le récit terminé, de faire une sorte de synthèse en reprenant les trois points les plus positifs.

Faire un barrage entre la vie professionnelle et la vie personnelle

Il est indispensable de parvenir à ériger une barrière entre la vie professionnelle et la vie personnelle. Sinon, la contamination de la sphère privée par la sphère professionnelle rend les relations avec les proches difficiles.

Pour ce faire, une fois la journée de travail terminée, prenez quelques minutes pour noter les points qui ne se sont pas bien passés dans la journée. Une fois ce travail réalisé, accordez-vous une minute par point pour y réfléchir. Soit vous trouvez une solution et le problème est réglé. Dans le cas contraire, planifiez-le dans votre agenda. Ainsi, lorsque vous quittez le bureau, vous sentez que tout est sous contrôle et devenez alors bien plus disponible pour autrui.

S'efforcer de relativiser

Si les périodes difficiles du temps présent sont souvent très visibles, celles du passé, avec le temps, apparaissent adoucies. Si dans certains cas, cela peut être agréable, cela a aussi un inconvénient.

Lorsque l'on traverse une période difficile, on oublie que l'on a déjà traversé des périodes parfois bien pires.

Or, si l'on se souvient des difficultés de son passé, les soucis du présent peuvent être perçus comme moins importants que ce qu'ils apparaissaient initialement et il sera alors plus facile de relativiser.

Augmenter la confiance en soi

La confiance en soi est un puissant moyen de diminuer le niveau de stress. L'influence de l'estime de soi sur l'expression du gène qui code le récepteur à ocytocine pourrait expliquer ce phénomène. On s'est en effet aperçu que si des gènes peuvent influer sur des comportements, des comportements peuvent influer sur l'expression de certains gènes. Voilà un fait extrêmement intéressant. Shelley E. Taylor, dans son ouvrage paru en 2002[43], écrivait : « *J'ai d'abord supposé que la biologie déterminait en grande partie le comportement, et ce fut une surprise intéressante de voir comment les relations sociales forgeaient clairement la biologie sous-jacente, même au niveau de l'expression des gènes.* »

Selon une étude publiée dans les « Proceedings » de la National Academy of Sciences (PNAS), Shelley E. Taylor et Shimon Saphire-Bernstein, de l'Université de Californie à Los Angeles, ont montré que certaines ressources psychologiques pouvaient influer sur l'expression d'un gène. Ainsi, l'estime de soi et l'optimisme augmenteraient l'expression du gène codant pour le récepteur à ocytocine

(OXTR) et favoriseraient donc l'expression de celle-ci. Or l'ocytocine produit une action puissamment apaisante. Optimiser sa sécrétion par le biais de l'OXTR contribue alors à la diminution du niveau de stress.

Si la confiance en soi est efficace pour diminuer notre niveau de stress, comment pouvons-nous l'augmenter à l'échelle individuelle ? Car dans ce cas précis, nous ne sommes pas dans le registre des actions collectives.

Pour augmenter la confiance en soi, il existe un moyen simple et efficace : le « Carnet des Petits Succès ! » Le soir, avant de se coucher, il suffit de prendre un petit carnet – ce peut être le même que celui utilisé pour aider à faire la part des choses. Lorsque dans la journée, vous avez remporté un petit succès, notez-le dans ce carnet. Cela ne se produira pas forcément chaque jour, mais là n'est pas le problème. Il suffit de noter les petits succès remportés, le soir, au fur et à mesure où ils apparaissent. Lorsque l'on note un nouveau succès, on ne peut s'empêcher de relire les précédents et... petit à petit, la confiance en soi augmente et... le niveau de stress diminue.

Apprécier les menus plaisirs de la vie

Le plaisir, puissant remède au stress

Le plaisir nous protège des effets toxiques du stress. Deux récentes études[44] ont montré que le plaisir en rapport avec le simple fait d'aller voir, d'ici à trois jours, un film à caractère humoristique, diminuait la sécrétion d'adrénaline de 70 % et de cortisol de 39 %. En 2006, la même équipe de chercheurs californiens avait démontré que le plaisir lié au fait de s'attendre à une période de rire augmentait les taux de deux hormones bénéfiques à la santé : l'hormone de croissance (HGH) et la bêta endorphine.

L'influence de l'hormone de croissance est majeure puisqu'elle contribue à réparer les effets du stress sur l'immunité.

Les endorphines agissent, de manière indirecte, en augmentant la libération de dopamine, l'hormone du plaisir, contribuant ainsi à créer une spirale vertueuse.

Le plaisir nous protège donc bien des effets toxiques du stress ! C'est ce qui fait dire au professeur Ethel Roskies, docteur en psychologie à l'université de Montréal, qu'« *un plaisir par jour chasse le stress* ». Et c'est aussi ce que les étudiants de l'université de Liège, en Belgique, apprennent : « *Les menus plaisirs sont à déguster sans modération ; ils stimulent notre production d'endorphines et contribuent à nous assurer un bien-être indispensable.* »

Les menus plaisirs de la vie

Les menus plaisirs sont certainement innombrables et mon objectif se limitera ici à montrer à quel point certains d'entre eux sont efficaces sur le niveau de stress.

Apprécier un beau paysage

L'équipe du professeur Peter Kahn, de l'Université de Washington, et son laboratoire d'observation des interactions humaines avec la nature et les systèmes technologiques a montré dans une étude[45] que le fait de regarder un beau paysage naturel diminuait les effets du stress. En revanche, contempler un superbe paysage sur un écran d'ordinateur n'a pas plus d'influence que de faire face à un mur blanc.

Proche du beau paysage, la présence de végétation

Une étude[46] publiée dans la revue *The Lancet* en novembre 2008 tend à prouver l'influence bénéfique de la végétation sur la santé des personnes. Ses auteurs[47] ont montré que la présence de végétaux dans les villes influait positivement sur la santé, notamment des populations les plus démunies. Parmi les éléments qui expliqueraient cet aspect bénéfique des espaces verts, leur influence positive sur le niveau de stress.

Toujours à l'extérieur, promener son chien

Le docteur David Lewis, psychologue, dans une étude réalisée en Angleterre pour Mindlab, auprès de mille propriétaires de chien, a montré que promener le meilleur ami de l'Homme s'avérait un très bon moyen pour diminuer son niveau de stress. Ainsi, 55 % des personnes se sentiraient plus détendues après avoir passé du temps en compagnie de leur chien et 44 % seraient moins préoccupées par les problèmes de sécurité ou d'argent.

Et à l'intérieur, la lecture et la musique

La lecture est un moyen très efficace de diminuer le stress, comme l'ont prouvé des chercheurs de l'Université de Sussex dans une étude[48]. Selon le docteur David Lewis, ce passe-temps permet de diminuer le taux de stress de 68 % : « *Il suffit de six minutes de lecture en silence pour que le rythme cardiaque soit calmé et que les tensions accumulées se démêlent.* »

La musique, quant à elle, réduirait le niveau de stress de 61 %.

Toujours à l'intérieur, installer un aquarium

Dès les années 1980, des chercheurs américains de l'Université de Pennsylvanie ont démontré les effets antistress des poissons sur les humains. Lorsqu'une personne attend un quart d'heure dans une pièce où se trouve un aquarium, sa tension artérielle et son rythme cardiaque diminuent !

Prendre soin de soi

Prendre soin de soi renforce l'estime de soi. Or on connaît l'influence bénéfique de cette dernière sur l'ocytocine et donc sur le stress. Sur le lien entre le fait de prendre soin de soi et l'estime de soi, j'ai trouvé un article[49] rédigé par une jeune femme, Morgane Biernacki, qui l'exprime joliment : « *Le bien-être intérieur est important, nous avons tous besoin de nous sentir sereins et en bonne santé, c'est établi ! Mais ce bien-être "intérieur" dépend aussi de notre bien-être "extérieur", autrement dit de notre apparence ! Si, si, avouez-le, le jour où vous êtes sortie en jogging pas maquillée, même si le toubib vous a dit la veille que votre check-up était nickel, ce n'est pas pour autant que vous auriez accepté un rendez-vous galant dans ces conditions ! Pourquoi ? Tout simplement parce que vous avez besoin d'un petit ingrédient sans lequel vous ne pourriez rien faire : l'estime de soi. Lorsque vous prenez soin de vous en vous préparant, en choisissant soigneusement le bon sac avec les bottines assorties, que vous vous maquillez et coiffez au top, vous vous sentez belle et valorisée, votre image vous convient et vous donne confiance en vous.* »

Avoir un meilleur ami

L'affection contre le stress

D'une manière générale, l'affection protège des effets du stress... Une étude[50] menée par Beate Ditzen et son équipe de l'Université de Zurich aborde l'interaction entre l'ocytocine et le cortisol. Il est montré que plus le taux d'ocytocine est élevé, plus celui de cortisol est bas. L'équipe de chercheurs avait déjà montré dans une précédente étude que lorsque des personnes recevaient beaucoup d'affection, leur taux de cortisol était plus bas...

De l'affection au rôle du meilleur ami

Une étude[51], menée par Ryan E. Adams, Jonathan Bruce Santo et William M. Bukowski et publiée dans la revue *Developmental Psychology* en novembre 2011, aborde l'importance du meilleur ami chez des enfants âgés de dix à onze ans en cas d'épisodes difficiles. Lorsque ceux-ci subissent des expériences négatives (dispute avec un ami, reproche d'un professeur, etc.), si le meilleur ami est absent, l'estime de soi décroît de manière significative alors que le taux de cortisol augmente. Dans le même contexte, si le meilleur ami est là, l'élévation du taux de cortisol s'amoindrit, et l'estime de soi n'en est que moins altérée.

Se motiver !

Il est classique d'aborder l'influence bénéfique de la motivation des proches ou des collaborateurs, aussi bien sous l'angle de la réussite que sous celui de la santé. Cependant, est-il possible d'aller chercher de tels bénéfices pour soi-même ? Si l'on n'a personne pour nous motiver, il faut puiser la motivation au fond de soi, qui non seulement nous aidera à diminuer les effets du stress, mais aussi à réussir et à tendre vers le bonheur.

Comment améliorer sa motivation ? Voici quelques clés susceptibles de vous aider à y parvenir !

Avoir un but lointain

Le but lointain pourrait être défini comme le rêve. Un dirigeant d'entreprise m'a expliqué un jour que son rêve était de devenir le leader européen dans son domaine. Un but ambitieux est l'un des éléments clés de la motivation dans la mesure où il aide à mobiliser l'énergie nécessaire au leader pour réussir. Le célèbre psychologue d'origine hongroise, père de la notion de « *flow* » (voir sa définition p. 59), Mihály Csíkszentmihályi, explique bien que « *le but fournit de l'énergie pour la vie*[52] ».

Si le rêve est riche de sens, il sera encore plus efficace. Gary Hamel[53], lui, explique dans « Moon shots for management » (*Harvard Business Review*, 2009) que le sens intervient comme « *un catalyseur émotionnel* » alors que « *l'optimisation de la richesse n'a pas le pouvoir de mobiliser pleinement les énergies humaines*[54] ». Médicalement, les propos de trois pharmacologues[55] vont dans la même direction : « *Les "héros" motivés semblent tous caractérisés par la noblesse de leur cause ou de leur idéal, un peu comme si les mécanismes centraux de la motivation étaient activés, sur le long terme, par l'objectif (concret ou virtuel) assigné ou poursuivi.* »

Cette présence de sens est d'autant plus essentielle que l'intéressé appartient à la génération Y[56]. L'économiste américaine Sylvia Ann Hewlett a constaté pour sa part que cette classe d'âge attendait des récompenses d'une autre nature que simplement financière. L'influence de son travail sur la société est, pour elle, un levier majeur. Blake Mycoskie, fondateur de TOMS, une société américaine qui fabrique et distribue des chaussures, est un chef d'entreprise américain typique de la génération Y. Lorsque son entreprise vend une paire de souliers, elle en offre une à un enfant vivant dans un pays en voie de développement...

Il est essentiel de penser le plus souvent possible à son rêve. Par exemple, un jeune étudiant en médecine de ma connaissance a cultivé cet aspect en accrochant au-dessus de son plan de travail la photo d'un chirurgien en train d'opérer. Le support visuel aide à penser régulièrement à son but et à trouver, sans s'en rendre forcément compte, des astuces pour parvenir à le réaliser.

Il est tout aussi important de parfaitement formuler son but, afin de bien s'en imprégner et de mieux prendre conscience qu'il est accessible. Si un jeune DRH veut exercer ce poste dans un Groupe du CAC 40, il ne suffit pas d'écrire cette phrase de la sorte, mais il convient de la rendre convaincante. Ainsi, elle pourrait devenir : « *Demain, je veux être DRH d'un Groupe du CAC 40. C'est possible, parce que certains DRH de ces structures ont la même formation que moi. C'est possible, parce que ma passion pour l'Humain m'aide à comprendre de nouveaux enjeux. C'est possible, parce que j'ai des capacités de travail importantes.* »

Avoir des objectifs intermédiaires

Les objectifs intermédiaires aident à atteindre son rêve. Nombre d'entre nous ont certainement en mémoire cette anecdote des nageurs de combat : un groupe de nageurs largués en mer doit rejoindre la côte sans objectifs intermédiaires, tandis qu'un autre groupe a des bouées régulièrement réparties sur le parcours, qu'ils doivent toucher lors de leur passage. C'est dans ce groupe-là que les résultats sont les meilleurs, les bouées étant de véritables objectifs intermédiaires.

Ceux-ci doivent être fixés au bon niveau et conduire au rêve en s'appuyant sur une courbe d'allure exponentielle et non sur une droite. Si l'on fixe ses objectifs intermédiaires sur une droite, les premiers objectifs s'avèrent trop élevés, ce qui risque d'être une source de stress et de découragement. Sur une courbe d'allure exponentielle, le premier objectif à un an est atteignable et de ce fait, comme on voit la réussite de cet objectif se réaliser de jour en jour, on croit de plus en plus à la possibilité d'atteindre son rêve. Chaque année, on fixe un nouvel objectif à un an en s'appuyant sur la même courbe. Il est légitime de s'interroger sur la difficulté de réaliser l'objectif à un an lorsque la courbe se situe dans sa partie rapidement croissante. On peut cependant y arriver, dans la mesure où d'ici là, si tous les objectifs à un an ont été menés à bien, des soutiens de différente nature seront mobilisés et rendront l'ascension possible.

Le premier objectif, celui à un an, doit être au bon niveau, c'est ce qui aidera à entrer dans un état de «*flow*» cher à Mihály Csíkszentmihályi. Le «*flow*» est un état de concentration optimale où l'on prend conscience de ses progrès, de son utilité… Le bon niveau de l'objectif serait légèrement au-dessus de ses capacités, plus générateur de plaisir que de stress. Le principe du «*flow*» est repris dans certains jeux électroniques qui adaptent leur niveau en fonction de celui du joueur afin de permettre à celui-ci de progresser et de ce fait de continuer à… jouer ! C'est un puissant levier de motivation.

Cultiver son sentiment d'efficacité personnelle

Plus le sentiment d'efficacité personnel est élevé, plus la persévérance est forte et plus l'optimisme est grand, des éléments incontournables de la réussite. Pour ce faire, un outil est aussi simple qu'efficace : le « Carnet des Petits Succès », cité plus haut pour améliorer la confiance en soi. Plus on l'utilise, et plus on devient persuadé que, dans son domaine, on est… bon !

S'il existe un rêve riche de sens, des objectifs intermédiaires qui aident à voir que l'on se rapproche du rêve, une confiance en soi solide, un optimisme qui permet de transformer les soucis en défis, une forte envie de persévérer, on augmente considérablement ses chances de réussir.

Ces leviers vont aussi aider à réussir, parce qu'ils améliorent la santé, notamment en diminuant les effets du stress.

Le sens est un levier de motivation protecteur du stress et source de santé, parce qu'il aide à prendre conscience de l'utilité de son activité. Ensuite, se fixer un objectif atteignable permet de réussir et d'en tirer un véritable plaisir, très protecteur, lui aussi, des effets du stress.

En outre, voir son premier objectif comme l'intermédiaire d'un rêve aide à diminuer la pression d'enjeu inhérente à la réussite de ce premier objectif. Cela devient presque un jeu… La pression d'enjeu, génératrice de stress, diminue donc considérablement.

Enfin, plus le sentiment d'efficacité personnelle est élevé, plus le niveau de stress baisse.

Il est donc possible de se motiver et de pouvoir ainsi allier réussite, santé et… bonheur !

Le fait d'être motivé rend plus persévérant, plus confiant, et aussi plus performant sur le plan intellectuel en aidant à mieux penser la complexité.

C'est aussi un bon moyen de diminuer son niveau de stress et donc d'améliorer sa santé.

Enfin, la motivation, génératrice d'émotion positive, rend plus sociable et, en raison du caractère contagieux des émotions, contamine les proches, les aidant à se sentir mieux. Le bonheur devient alors à portée de main. Cette phrase de la philologue, écrivain et helléniste française Jacqueline de Romilly prend alors tout son sens : « *J'avais tout naturellement pris l'habitude de penser que l'Homme se définit avant tout par le but qu'il se donne et que c'est là tout à la fois la source de sa grandeur et de tous ses bonheurs*[57]. »

CHAPITRE 4

Comment protéger ses proches ou ses collaborateurs ?

Un objectif au bon niveau

Que ce soit dans le domaine professionnel ou extraprofessionnel, il est essentiel de se fixer un objectif au bon niveau. On a parfois eu l'impression que le succès viendrait d'objectifs fixés très hauts. Bien souvent, non seulement ces objectifs ne sont pas atteints, mais en outre ils sont puissamment démobilisateurs.

Je me souviens de la remarque d'un DRH québécois intervenant à la table ronde sur la qualité de vie au travail lors des Assisses nationales de l'ANDRH[58], l'Association nationale des DRH, en 2013. Il expliquait qu'auparavant, dans son entreprise, les objectifs étaient trop élevés, jamais atteints et les collaborateurs se retrouvaient en souffrance. Depuis que ces objectifs sont fixés au bon niveau, les salariés sont en bonne santé et les objectifs… dépassés.

Il convient de ne pas fixer l'objectif trop haut, car il serait générateur de stress, mais pas trop bas non plus, car il serait source d'ennui. Le juste niveau serait un objectif ambitieux demandant des efforts pour être atteint, mais... atteignable ! Il sera alors important de s'assurer régulièrement que l'objectif défini reste toujours bien à portée de main.

Outre le fait qu'il optimise l'investissement, un objectif ambitieux et accessible aide à diminuer la pression d'enjeu des épreuves intermédiaires. Ainsi, si un lycéen a pour objectif de devenir ingénieur, passer le bac devient un objectif intermédiaire et non l'enjeu, évitant ainsi les erreurs, les fautes, liées à la pression inhérente à la réussite de cet enjeu. La pression d'enjeu est rarement une aide à la performance, loin de là. Le maréchal Lyautey (1854-1934) l'exprimait à merveille : « *Lorsque la vie des hommes est en jeu, il faut en faire un jeu pour qu'ils oublient l'enjeu.* »

Concrètement, pour savoir si l'objectif fixé est au bon niveau, posez deux questions à la personne concernée.

— Sur une échelle de 1 à 10, à quel niveau se situe votre stress en rapport avec votre objectif ?

— Sur une échelle de 1 à 10, à quel niveau se situe votre plaisir en rapport avec votre objectif ?

Il est bien de veiller à ce que le rapport plaisir sur stress soit supérieur ou égal à 1.

Si l'objectif fixé est trop difficile à atteindre, le rapport s'effondre. Et s'il s'avère insuffisamment ambitieux, le rapport évolue de la même manière.

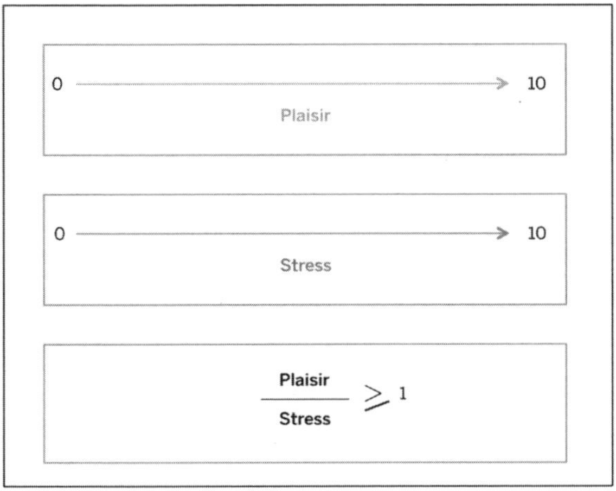

CONCRÈTEMENT

Concrètement, l'objectif fixé à mes proches est-il au bon niveau ?

- Quel est le niveau de plaisir éprouvé par mes enfants à mener à bien leurs études ?
- Quel est le niveau de stress éprouvé par mes enfants à mener à bien leurs études ?
- À quel niveau se situe le rapport plaisir par rapport au stress de mes enfants ?

Concrètement, l'objectif fixé à mes collaborateurs est-il au bon niveau ?

- Quel est le niveau de plaisir éprouvé par mes collaborateurs à mener à bien leur mission ?
- Quel est le niveau de stress éprouvé par mes collaborateurs à mener à bien leur mission ?
- À quel niveau se situe le rapport plaisir par rapport au stress de mes collaborateurs ?

Donner du sens

Protection antistress

Même dans des situations très difficiles, le sens est extrêmement protecteur en termes de santé et d'effets du stress. Selon une étude menée par le docteur Pierre Gagnon, psychiatre en oncologie à l'Hôtel-Dieu de Québec, il semblerait que si l'on diminue le niveau de stress de patients atteints d'un cancer, on améliore leur qualité de vie. L'approche du docteur Gagnon pour diminuer le niveau de stress s'appuie sur les travaux d'un psychiatre ayant survécu aux camps de concentration nazis, le docteur Viktor Frankl. Selon ce dernier, on survit dès lors que l'on peut donner un sens à sa vie et, selon lui, cela s'avère possible même dans un camp de concentration. Viktor Frankl écrivait dans *Découvrir un sens à sa vie avec la logothérapie* (Éditions de l'Homme, 1988) : « *Lorsqu'on trouve un sens aux événements de sa vie, la souffrance diminue et la santé mentale s'améliore.* » De nos jours, le docteur Gagnon essaye d'aider des patients atteints de cancer à en faire autant. Et les premiers résultats seraient encourageants : « *On a déjà des indications que la détresse psychologique diminue et que la qualité de la vie augmente*[59]. »

Souvenons-nous aussi que le professeur Jean-Jacques Breton précise que « *si on favorise les facteurs de protection, les gens peuvent améliorer leurs capacités à faire face aux événements stressants*[60] ». Et parmi les facteurs de protection qu'il avance, il y a… le sens que l'on donne à sa vie !

Le sens, parce qu'il diminue les effets du stress, améliore la santé.

Le sens issu du travail

Rémy Julienne, le célèbre cascadeur français, m'a expliqué un jour que l'une de ses premières activités professionnelles avait été de faire des déménagements. Les deux premiers jours de travail avaient été très difficiles et il ressentait des douleurs dans tous ses membres. Le troisième jour, il voyait en son activité l'occasion de se muscler afin d'avoir plus de chances de devenir champion de motocross. Riche de ce nouveau sens, son métier devenait même source de plaisir : « *Lorsque j'étais chauffeur, j'ai toujours essayé de mettre à profit les heures que je passais au volant pour réfléchir. Quant à la manutention, qui m'ennuyait tant, elle m'a permis de me faire les muscles, ce qui, me disais-je, me servirait plus tard pour le sport et la moto. À ce moment-là, j'ai pris du plaisir*[61]. »

Le sens lié au travail est d'autant plus important que les Français ont « *un rapport passionnel au travail* », comme l'estime le journaliste Antoine Char[62], dans un article intitulé « Métro, boulot, suicide » : « *Au pays des cinq semaines de congés payés et des trente-cinq heures de travail par semaine, les Français ont malgré tout un rapport passionnel au travail. Ce n'est pas seulement un gagne-pain, comme dans bon nombre de pays anglo-saxons. C'est un mode de vie.* » D'ailleurs, la mise « au placard », qui se traduit souvent par une absence d'activité avec des rémunérations maintenues, est très mal vécue, car le salarié ne se sent plus utile à ses collaborateurs, à son service, à l'entreprise, à la société.

Antoine Char apporte un autre argument. En France, l'INED[63] a prouvé qu'une hausse du chômage de 1 % entraînait une augmentation des suicides de 4 à 5 %, phénomène que l'on ne retrouve pas, par exemple, en Italie.

Le sens lié au travail est efficace sur le stress parce qu'il aide à prendre conscience de l'utilité de son activité pour autrui. Le travail d'une personne peut rimer avec bien-être si ce que l'on accomplit est utile à ses collègues. On ne doit donc pas travailler simplement pour réaliser la mission demandée, mais parce que la réalisation de celle-ci influe sur la qualité du travail de ses collègues. Prenons l'exemple d'une aide-soignante, dans un hôpital, allant prévenir l'interne que tel patient débute au niveau du dos une réaction cutanée. Elle ne vivra pas son travail de la même manière que si elle se contentait de faire la toilette du malade. Dans un document intitulé « Travail et santé », Philippe Davezies, enseignant-chercheur en médecine et santé au travail, apporte une justification médicale à cet aspect : « *La perception de l'activité d'autrui active, dans le cerveau, des réseaux de neurones qui réagissent à cette activité de la même façon que s'il s'agissait de la propre activité du sujet sur cet objet.* » En une phrase : si on facilite l'activité de son collègue grâce à son propre travail, on en retire une satisfaction.

Le sens issu d'une action extraprofessionnelle

Toute action qui va donner du sens à notre vie est protectrice des effets du stress. Ainsi, l'engagement dans une cause d'intérêt général, de quelque nature que ce soit, entre dans ce cadre. Hans

Selye notait, dès l'origine de ses travaux, les bienfaits de l'intérêt général sur le stress en parlant « *d'altruisme égoïste* ».

En résumé, sans entrer dans le détail de la description des mécanismes d'action qui interfèrent au plan hormonal, il faut retenir que si l'on s'engage en faveur du bien commun, on en retire un bénéfice pour sa santé.

Dans un registre analogue d'analyse des situations où des personnes sont tournées vers les autres, les travaux du professeur[64] Stefan Einhorn mettent en évidence l'impact extrêmement positif de la gentillesse sur la santé. Son ouvrage *L'art d'être bon* (2008) constitue un véritable plaidoyer en ce sens.

Le sens cultivé par le collaborateur

Le sens peut être cultivé par le collaborateur lui-même, si le travail classique est pauvre en sens. Prenons l'exemple suivant : dans un petit supermarché, un homme peine à ouvrir des sacs en matière plastique en raison d'un handicap au niveau d'une main. Un employé repère les difficultés de ce client et vient l'aider en lui ouvrant plusieurs sacs. Le client lui explique l'importance de son aide pour lui et le remercie chaleureusement. L'employé dit alors : « *Dans mon métier, ce qui me plaît, c'est la relation avec les gens.* » Nous sommes là dans ce que les Américains appellent le « *job crafting* », c'est-à-dire cette capacité à rendre son travail plus riche en sens grâce à quelques adaptations. Si ce type de comportement est possible, c'est parce que le dirigeant y est sensible et l'encourage.

Le sens contributeur de réussite

Une amie médecin urgentiste, le docteur Corinne Bastier, mène un engagement associatif et humanitaire assez intense. Elle m'a expliqué un jour que le sens était aussi, chez elle, la clé qui poussait à réussir, même quand la difficulté était significative.

Ainsi, lorsqu'elle réussit l'ascension du Kilimandjaro, c'est pour promouvoir un projet humanitaire[65] visant à bâtir des écoles au Bénin. Lorsqu'elle court les dix kilomètres de Brive, c'est pour soutenir une association qui aide des enfants malades. Et lorsqu'elle participe à la Sénégazelle, c'est encore dans un cadre humanitaire : « *S'il n'y avait pas eu autant de sens, je ne suis pas certaine que je serais toujours allée au bout* », m'a-t-elle confié.

Cela se vérifie également au niveau professionnel. En donnant du sens, on aide ses proches, ses collègues, ses collaborateurs à mieux réussir. Quand des collecteurs de fonds des universités aux États-Unis rencontrent un étudiant qui bénéficie d'une bourse, ils augmentent de plus de 140 % leur temps d'appels téléphoniques et prennent plus de temps à expliquer le but de ces collectes. Celles-ci augmentent donc de manière considérable : + 400 %[66] !

Dans le même ordre d'idée, quand des radiologues américains voient la photo du patient en même temps que les radiographies, les comptes rendus sont plus longs et surtout les diagnostics s'avèrent plus justes.

Penser à donner du sens

Le sens protège du stress, aide à réussir et à vivre mieux et, cependant, on a facilement tendance à oublier de donner du sens...

La belle histoire de Charles Plumb en est une parfaite illustration. Aviateur dans la Marine américaine durant la guerre du Vietnam, il mena à bien soixante-quinze missions de combat depuis le porte-avions *Kitty Hawk*. À la soixante-seizième, son avion fut touché par un missile sol-air et il dut s'éjecter et sauter en parachute, atterrissant dans une zone contrôlée par l'ennemi. Charles Plumb fut capturé et détenu pendant six ans. Il survécut et donna par la suite des conférences sur les moyens qu'il avait mobilisés pour résister durant cette période difficile.

Un soir, alors qu'il dînait au restaurant avec son épouse, un homme s'approcha de lui et l'interpella. Il connaissait bien l'histoire de Charles Plumb, savait son nom, celui du porte-avions, le nombre de missions réussies par le pilote... Surpris, l'ancien aviateur demanda à l'homme la source de ses informations. Le visiteur lui expliqua qu'il était marin sur le même porte-avions : « *J'espère que votre parachute s'est bien ouvert !* » Charles Plumb lui en confirma le bon fonctionnement, expliquant que c'était à cela qu'il devait la vie. Le marin précisa alors qu'il était chargé de plier les parachutes sur le *Kitty Hawk*. L'aviateur le remercia et les deux hommes se quittèrent. En allant se coucher, Charles Plumb repensa à cet échange, à cet homme qu'il avait croisé à de nombreuses reprises sur le navire sans jamais lui demander ce qu'il faisait... Et pourtant, cet homme lui avait sauvé la vie !

À tout niveau, quoi que l'on fasse, trop souvent, on ne montre pas assez à l'autre en quoi son activité est essentielle. On voit trop souvent l'ouvrier qui serre les boulons, on ne remarque pas assez l'homme qui va ainsi éviter des accidents et sauver des vies lorsque le conducteur aura besoin de freiner efficacement.

CONCRÈTEMENT

Concrètement, dans le cadre, personnel, chaque semaine...

- Demandez-vous : mes proches ont-ils conscience de leur utilité dans leur travail, dans la vie de famille, dans leurs études ?
- Obligez-vous à faire le point sur l'évolution du nombre de fois où vous avez aidé vos proches à trouver du sens. Notez les conséquences positives liées à cette évolution.

Concrètement, dans le cadre professionnel, chaque mois...

- Demandez-vous : mes collaborateurs ont-ils conscience de leur utilité dans leur travail, dans la vie de l'entreprise ?
- Obligez-vous à faire le point sur l'évolution du nombre de fois où vous avez aidé vos collaborateurs à trouver du sens.
  Notez les conséquences positives liées à cette évolution.

Accorder de la liberté d'action, de l'autonomie

Une source de performance

À l'échelle sociétale

Depuis des siècles, l'Homme a besoin d'autonomie pour se réaliser pleinement. Jacqueline de Romilly l'exprime avec éclat dans un extrait de *L'élan démocratique dans l'Athènes ancienne* (Éditions de Fallois, 2008), consacré à l'engagement : « *Les Athéniens, lorsqu'ils travaillaient pour un maître, ne se donnaient aucune peine et aussitôt libérés, travaillant pour eux-mêmes, ils firent un grand effort et connurent de grands succès. Ceci se traduisit d'ailleurs dans les faits, puisque d'abord la liberté et l'enthousiasme des combattants rendaient compte de succès des Grecs contre un envahisseur bien plus nombreux et que, bientôt, la démocratie à Athènes coïncida avec un effort extraordinaire dans tous les domaines et en particulier dans le domaine culturel, où apparaissent alors tous les chefs-d'œuvre.* » Il est indéniable qu'à l'échelle sociétale, l'autonomie peut être à l'origine d'une ardeur exceptionnelle et de grandes réalisations !

À l'échelle des entreprises

L'intérêt de l'autonomie a été démontré par Daniel H. Pink[67], qui analyse plusieurs exemples d'entreprises où des expériences d'autonomie ont été menées.

Le groupe australien Atlassian, qui fournit des outils de développement de logiciels à plus de 20000 clients dans 134 pays, représente une référence. Ce groupe organisait une journée de l'autonomie plusieurs fois dans l'année. À cette occasion, il était demandé aux ingénieurs de s'investir sur le sujet de leur choix dès lors qu'il ne s'agissait pas de leur mission habituelle. Le soir, un grand rassemblement permettait aux ingénieurs de faire part de leurs réflexions. Il a été admis que grâce à ces journées privilégiant l'autonomie, un nombre significatif de corrections de dysfonctionnements divers avait pu être mené. Devant les succès constatés, Atlassian a étendu cette démarche d'autonomie.

Chez Google, près de la moitié des nouveaux produits naissent pendant les 20 % de temps où l'autonomie est importante.

Un autre principe, défini par les consultants Jody Thompson et Cali Ressler, illustre, lui aussi, l'impact positif de l'autonomie : il s'agit de l'environnement de travail axé uniquement sur les résultats (ROWE : Results Only Work Environnement). Ce principe, selon lequel les collaborateurs sont payés pour des résultats plutôt que le nombre d'heures travaillées, mis en place dans une douzaine d'entreprises en Amérique du Nord, permet aux employés de travailler quand ils veulent, comme ils veulent, d'où ils veulent. Les réunions sont optionnelles. Dans la grande majorité des cas, les résultats ont été excellents avec une augmentation de la productivité, de l'engagement, de la satisfaction des salariés et… une diminution du turnover !

Ces trois exemples illustrent bien l'effet de l'autonomie sur la créativité et la performance.

L'autonomie et les émotions positives

Si l'autonomie est source de performance, cela peut provenir du fait qu'elle génère des émotions positives.

Wharton (1993)[68] a montré que des salariés qui bénéficient d'une autonomie plus importante étaient, d'une part, moins soumis à l'épuisement professionnel et, d'autre part, plus satisfaits que leurs collègues.

Grandey, Fiske et Steiner (2006)[69] ont aussi montré que les personnes qui disposaient d'autonomie dans leur travail étaient moins soumises à l'épuisement professionnel que leurs collègues. Selon Wharton, Grandey, Fiske et Steiner, l'autonomie favorise les émotions positives. Effectivement, quand on prend conscience que l'on est, en grande partie, responsable de ses succès, on ressent généralement des émotions positives comme la joie ou le contentement.

Or les émotions positives ont des effets majeurs sur la réussite. Globalement, elles élargissent le champ de l'attention et renforcent la créativité. Martin Krumm et Tarquinio, dans leur *Traité de psychologie positive* (De Boeck, 2011), sont très clairs : Les émotions positives « *motivent les individus à suivre des cheminements de pensée et d'action nouveaux, créatifs et improvisés* ».

Si l'on se doute que l'effet des émotions négatives est tout à fait inverse, les travaux de B. Fredrickson et R. Levenson montrent que les émotions positives ont aussi la capacité d'annihiler les effets des émotions négatives.

En outre, les émotions positives influencent la vision du monde qui nous entoure en nous poussant à voir prioritairement ce qui va bien. Comme le font remarquer Jordi Quoidbach et Moïra Mikolajczac dans *Les compétences émotionnelles* (Dunod, 2014), « *les personnes d'humeur positive détectent prioritairement les stimuli positifs alors que les individus de mauvaise humeur détectent prioritairement les stimuli négatifs* ».

De même, comme le remarquait dès 1997 Jonathan Miller Baron, professeur de psychologie à l'Université de Pennsylvanie spécialisé en sciences de la prise de décision, lorsque nous sommes de bonne humeur, nous nous montrons plus solidaires avec ceux qui nous entourent.

Globalement, il apparaît que les émotions positives rendent les personnes psychologiquement plus souples et plus à même de trouver le bon moyen de cultiver des relations sociales de bonne qualité. À travers ces quelques exemples de bienfaits des émotions positives, on comprend mieux pourquoi elles ont des effets très significatifs sur la réussite individuelle et la performance collective.

L'autonomie et la santé

On a souvent montré, et le modèle de Karasek est très parlant sur ce point, que l'autonomie améliorait le bien-être au travail. L'influence de l'autonomie sur les émotions positives et donc sur la sécrétion d'ocytocine peut tout à fait expliquer ce bienfait. En effet, l'ocytocine diminue considérablement le niveau de stress.

L'autonomie, c'est plus de créativité, de meilleures relations sociales, une plus grande aptitude à voir la vie de manière positive... et moins de stress.

CONCRÈTEMENT

Concrètement, dans le cadre, personnel, chaque semaine...

Demandez-vous :

- Mes proches disposent-ils de suffisamment de liberté d'action ?
- Ai-je demandé l'avis de mes proches sur de grands enjeux personnels ou familiaux ?

Notez les conséquences positives liées à cette évolution.

Concrètement, dans le cadre professionnel, chaque mois...

Demandez-vous :

- Mes collaborateurs disposent-ils de suffisamment de liberté d'action ?
- Mes collaborateurs peuvent-ils me faire part directement ou indirectement d'idées susceptibles d'améliorer leur poste de travail ?
- Les idées émises sont-elles suffisamment bien étudiées afin d'être concrétisées dès que possible ?

Notez les conséquences positives liées à cette évolution.

Prodiguer des encouragements

Une denrée trop rare

On n'encourage pas assez ses proches, ses collaborateurs. Non pas que nous ne souhaitions pas les voir réussir, mais avant tout parce que nous avons plus l'habitude d'alerter sur ce qui va mal que de féliciter ce qui va bien. Au passage, il convient de remarquer que la rareté des encouragements ne se limite pas aux seuls enfants...

Et cependant, chacun de nous a pu constater dans la vie de tous les jours que les encouragements recelaient une sorte de force insoupçonnée, susceptible d'éveiller des trésors enfouis aux tréfonds de la personnalité.

Tout collégien éprouvant quelques difficultés scolaires a pu faire l'expérience de l'effet des encouragements d'un professeur. Très souvent, cela suffit à inciter l'élève à s'investir davantage, à obtenir de meilleurs résultats et à découvrir le plaisir de travailler.

Et cela dure très longtemps. On se souvient tous, bien des années plus tard, des encouragements d'un professeur. On y repense et on y puise l'énergie nécessaire à l'action lorsque celle-ci est difficile.

Baisse des effets du stress

Les encouragements aident à diminuer les effets du stress. Plusieurs études[70] ont montré que « *les encouragements au travail ont un effet protecteur contre les troubles psychiatriques* ». À l'inverse, « *le manque de soutien de la part des collègues et/ou des supérieurs hiérarchiques contribuerait à augmenter le stress dans l'entreprise*[71] » (INRS).

Les encouragements sont aussi de puissantes sources de plaisir. Or le plaisir, nous l'avons vu, joue un rôle protecteur très net vis-à-vis du stress.

Une des clés du sentiment d'efficacité personnelle

Selon Albert Bandura[72], le sentiment d'efficacité personnelle renvoie « *aux jugements que les personnes font à propos de leur capacité à organiser et réaliser des ensembles d'actions requises pour atteindre des types de performances attendus* ». Plus prosaïquement, la capacité d'une personne à entreprendre certaines actions dépend largement de sa croyance dans cette capacité. Ainsi, si une personne estime ne pas pouvoir produire de résultats satisfaisants dans un domaine, elle n'essaiera pas de les atteindre. Des individus différents avec des aptitudes identiques, ou la même personne dans des circonstances différentes, peuvent obtenir des performances faibles, bonnes ou remarquables, selon les variations de leurs sentiments d'efficacité personnelle.

D'une manière générale, les personnes qui ont un sentiment d'efficacité personnelle élevé choisissent des tâches qui présentent un défi et leur donnent l'occasion de développer leurs compétences plutôt que de s'engager dans des tâches simples. Elles se fixent des objectifs élevés, régulent mieux leurs efforts, persévèrent davantage face aux difficultés et obtiennent des performances plus importantes.

À l'inverse, ces aptitudes peuvent être fortement émoussées par des doutes sur soi. Les personnes abandonnent plus rapidement face aux obstacles et ont des aspirations réduites. À la suite d'une performance moindre, elles perdent foi en leurs capacités.

Dès 1982, il a été démontré[73] que des enfants ayant le même niveau intellectuel se montrent plus ou moins efficients, selon la confiance qu'ils ont en leur efficacité. L'expérience réalisée à l'époque a placé différents groupes d'enfants devant la résolution de problèmes difficiles en mathématiques. Il a été constaté que les enfants qui persévéraient face aux difficultés et qui résolvaient le plus de problèmes étaient ceux qui avaient le plus confiance en leurs capacités.

Mieux encore, ce sont ces sentiments d'efficacité personnelle qui ont prédit l'attirance vis-à-vis des mathématiques, alors que les aptitudes initiales ne les pronostiquaient pas.

Il en va exactement de même chez les adultes[74] : l'idée que l'on se fait de nos capacités influence nos choix de carrière. On peut même dire que, d'une façon générale, la perception qu'un individu a de ses capacités constitue un bon moyen de prédire ses performances.

Le sentiment d'efficacité est d'autant plus fort que nous obtenons des « retours » positifs d'autres individus. Il est plus facile de maintenir à un bon niveau son sentiment d'efficacité si d'autres personnes expriment leur confiance en ces capacités.

Et lorsqu'à cela s'ajoute le fait que les individus qui sont encouragés gardent une forte motivation pour accomplir leur mission[75], on perçoit parfaitement l'intérêt des managers à mobiliser ces ressources. Un manager qui souligne la qualité du travail produit par son collaborateur améliore chez celui-ci son sentiment d'efficacité. Et il a d'autant plus intérêt à s'imposer l'exercice qu'il en résulte également des relations sociales apaisées et une plus grande émulation dans l'organisation.

D'autres études[76] se sont intéressées à la force des encouragements adressés aux managers eux-mêmes. Les chercheurs ont signifié à des managers plutôt doués des « retours » soulignant l'insuffisance de leur performance managériale. Rapidement, ceux-ci se sont mis à douter de leur efficacité, leur capacité à raisonner s'est brouillée et une détérioration progressive de leur management a été constatée. À l'inverse, lorsque les managers ont été encouragés et soutenus dans leurs efforts, ils ont pu bâtir une confiance en leurs capacités qui leur a permis d'améliorer leurs résultats, même dans un contexte particulièrement difficile. Ils sont parvenus à stimuler leurs équipes pour atteindre des objectifs bien plus élevés.

En quelque sorte, en renforçant l'optimisme et l'estime de soi, le sentiment d'efficacité personnelle va aider à se fixer des défis de plus en plus élevés et à persévérer davantage, conditions d'une réelle réussite. On peut citer à ce propos la confiance inébranlable du physicien britannique Brian David Josephson qui affirmait en 1959 : « *Le problème d'autres inventeurs est qu'ils essaient quelque chose et abandonnent. Je n'abandonne jamais tant que je n'ai pas trouvé ce que je cherche*[77]. »

CONCRÈTEMENT

Concrètement, dans le cadre personnel, chaque semaine...

- Demandez-vous : ai-je encouragé mes proches lorsque cela était possible ?
- Obligez-vous à faire le point sur l'évolution du nombre d'encouragements.

Notez les conséquences positives liées à cette évolution.

Concrètement, dans le cadre professionnel, chaque mois...

- Demandez-vous : ai-je encouragé mes collaborateurs lorsque cela était possible ?
- Obligez-vous à faire le point sur l'évolution du nombre d'encouragements.

Notez les conséquences positives liées à cette évolution.

Aider à agir pour ne pas subir

Une protection permanente

Même dans des moments difficiles, l'action aide à protéger du stress.

Dans le cadre de mon métier de médecin urgentiste, j'ai souvent mesuré l'intérêt de l'action pour diminuer le niveau de stress. Lorsqu'un accident se traduisait par un seul blessé et une personne indemne, si le premier n'était pas trop sévèrement touché, je demandais souvent à la seconde de tenir la perfusion, ce qui contribuait grandement à diminuer son niveau de stress.

Dans un cadre humanitaire, j'ai eu l'occasion, en 1993, d'aller à Sarajevo, pendant la guerre civile qui ravageait alors l'ex-Yougoslavie. À trente kilomètres de la ville, j'entendais les obus exploser au rythme d'un toutes les cinquante secondes. Mon niveau de stress était à son maximum. Une fois dans la ville, captivé par l'action, je me suis senti bien au point de m'en faire la remarque.

Un effort quotidien

Dans la vie de tous les jours, il faut aider à agir pour ne pas subir. En voici une illustration tirée de ma propre expérience.

Lors d'un accompagnement individuel, un jeune homme d'une trentaine d'années m'a expliqué être en situation d'échec sur le plan professionnel et vivre cela comme un véritable traumatisme. Il était originaire d'un milieu modeste et ses parents avaient consenti d'énormes efforts pour qu'il puisse faire une grande école de commerce. Il avait très bien réussi sa formation, puis trouvé un emploi de commercial dans un grand Groupe, mais, depuis quelque temps, il allait de plus en plus mal. Chaque lundi matin, il voyait son chef de service pour passer en revue les enjeux à venir de la semaine. Cet échange d'une à deux heures n'avait d'autre vocation que de rassurer le jeune commercial, son chef de service parvenant assez bien à relativiser les difficultés des missions confiées en s'appuyant parfois sur des succès passés, parfois sur la formation solide, etc. À chaque fois, il avait visiblement su trouver le bon argument pour que tout se passe au mieux, jusqu'au jour où, de mauvaise humeur, il avait éconduit durement le jeune homme : « *Écoutez, monsieur, je ne vais pas passer trois heures toutes les semaines à vous rassurer. Maintenant, il faut que vous voliez de vos propres ailes !* » Au lieu d'inciter le jeune collaborateur à réagir, ces quelques mots prononcés sous le coup de la colère l'ont fait s'effondrer. Quelques jours plus tard, lorsque je l'ai rencontré, il était prostré. Arguments logiques et démonstration à l'appui, il m'a expliqué, en pleurs, qu'il fallait bien se rendre à l'évidence : il était en situation d'échec sur le plan professionnel. Il était parvenu à se persuader qu'en raison de sa grande timidité et de son immense sensibilité, il ne pourrait jamais réussir dans son métier, qui nécessite d'être en relation avec des clients. Son appréhension de la relation avec autrui lui pesait considérablement, allant jusqu'à altérer ses capacités. Il s'est alors lancé dans un long monologue où il a détaillé les manifestations de son extrême réserve à laquelle s'adjoignait une sensibilité exacerbée.

Progressivement, je lui ai fait remarquer que sa personnalité ne l'avait pas empêché de réussir sa formation… J'ai surtout martelé un précepte, à contre-courant de ses idées : la timidité et la sensibilité sont de véritables atouts. Les exemples ne manquent pas. Ces traits de caractère sont fréquemment des compagnons du talent. Et de fait, les personnes sensibles et timides disposent, en quelque sorte, d'un plus grand nombre de « capteurs » leur permettant, lors d'un entretien, d'être plus réceptives à certaines informations que des gens plus à l'aise.

Une personne sensible, très attentive, repérera de manière très précoce le moment où son interlocuteur doute et pourra ainsi utiliser un nouvel argument pour parfaire le travail de conviction. Parallèlement, quelqu'un de sensible repérera plus facilement le canal de communication de son interlocuteur (visuel, auditif, kinesthésique) et pourra ainsi s'adapter au canal correspondant pour être plus efficace. De quoi s'agit-il ?

Une personne communiquant sur un mode visuel utilisera essentiellement des mots à connotation visuelle. Notre propos sera « clair », l'idée sera « lumineuse »…

Une autre « fonctionnant » sur le mode auditif « entendra bien » ce qu'on lui expliquera, cela lui « parlera »…

Quant à une personne « câblée » kinesthésique, elle sentira bien « au fond d'elle » ce que l'on a voulu exprimer…

Mon argumentaire a surpris le jeune commercial et, l'empathie aidant, j'ai fini par ébranler ses convictions premières, d'autant plus facilement qu'au fond de lui, il avait bien sûr besoin d'entendre de tels propos, porteurs d'espoir : « *Pensez-vous qu'un jour je pourrai vraiment être efficace ?* » Au bout d'une heure trente d'échange, il est reparti en promettant de se concentrer sur les propos de ses interlocuteurs et de me rendre compte des résultats deux semaines plus tard. Et de fait, de quinze jours en quinze jours, son état s'est beaucoup amélioré. Il se souciait moins de savoir ce que son client pensait de lui que de repérer les informations utiles qui lui permettraient de peaufiner son argumentaire.

Avec ce jeune homme, tout le travail a consisté à relativiser la perception qu'il avait de sa propre situation, exemples et arguments logiques à l'appui, et à déplacer son regard. Initialement concentré sur ses seules difficultés, il est parvenu à déporter son attention sur son interlocuteur. Ce faisant, il n'a plus subi l'entretien, il l'a contrôlé.

Chaque fois que l'on trouve l'astuce qui permettra à un proche, à un collègue, ou encore à un collaborateur de passer en mode actif, on diminue son niveau de stress et, en plus, on le rend plus heureux.

Le passage en mode actif est protecteur, la preuve !

Ce même effet peut être observé dans la quasi-totalité des circonstances délicates à gérer. En cas de catastrophe naturelle, de désastre écologique ou encore de guerre, il est un fait que les personnes qui se mobilisent vont généralement mieux sur le plan moral.

L'étude menée par l'équipe d'Eli Somer, de l'Université de Haïfa, et publiée dans la revue *Multiple Sclerosis* en 2010, est très évocatrice sur ce point. Elle montre tout d'abord que le stress de la guerre augmente le nombre de poussées de sclérose en plaque. Mais son plus grand intérêt est avant tout de montrer que les personnes qui ont agi (élaboration d'un abri, constitution de provisions de nourriture et/ou de médicaments, adaptation des horaires de rendez-vous à la situation, etc.) ont été victimes de

« moins d'exacerbations des symptômes de la maladie que celles qui se limitaient au contrôle émotionnel avec des techniques de relaxation, de support émotionnel ou la prière ». Eli Somer résume son étude ainsi : « *Les personnes qui avaient choisi de voir la guerre comme une situation contrôlable qui requérait une action, plutôt que comme une menace incontrôlable, ont souffert de moins de poussées de la maladie.* »

Ainsi, chaque fois que l'on peut aider ses proches à agir pour ne plus subir, on leur permet de se protéger des effets du stress.

CONCRÈTEMENT

Concrètement, si un proche subit une situation qui génère du stress chez lui, essayez d'en déterminer les causes.

- Une fois les causes repérées, trouvez des arguments pour montrer que les causes perçues comme immuables peuvent devenir des atouts.
- Demandez ensuite au proche de noter les effets consécutifs à sa nouvelle perception et invitez-le à faire le point régulièrement.

Concrètement, si un collaborateur subit une situation qui génère du stress chez lui, essayez d'en déterminer les causes.

- Une fois les causes repérées, trouvez des arguments pour montrer que les causes perçues comme immuables peuvent devenir des atouts.
- Demandez ensuite au collaborateur de noter les effets consécutifs à sa nouvelle perception et invitez-le à faire le point régulièrement.

Voir la vie plus positivement que la logique ne le voudrait

Un facteur de réussite

Face à la difficulté, être plus positif que la logique ne le voudrait aide à réussir…

Au travers de situations difficiles vécues à de nombreuses reprises dans le cadre de mon métier, je me suis aperçu que, face au drame, face à la difficulté, face à la crise, il importe d'être plus positif que la logique le voudrait.

Et pourtant, dans la vie de tous les jours, on a souvent tendance à faire le contraire.

Je cite souvent l'exemple, car il concerne nombre de parents, de l'élève qui rentre du collège avec deux notes, l'une bonne et l'autre nettement moins satisfaisante. En tant que parents, on a spontanément tendance à insister sur la mauvaise note. C'est logique, car cela nous inquiète. On a parfois l'impression que l'enfant n'a pas pris conscience de l'importance de la situation. On va lui expliquer qu'il travaille pour lui et que, sans efforts, il ne réussira pas. On va se souvenir de la note précédente qui, déjà, était insuffisante. « *Tu te rends compte, tu n'as toujours pas la moyenne !* » Autant de propos qui ne contribuent pas à aider un enfant à réussir. Mais dites-moi, et la bonne note dans tout cela, le 18 en Sciences et Vie de la Terre (SVT), il n'existe pas ? « *Oui, mais c'est quand même moins important que les maths* » ; « *Sans la moyenne en maths, rien n'est possible* »…

Ainsi, l'adolescent sera démotivé, tout comme je l'aurais été si, toute la journée, après une nuit de garde, on ne m'avait parlé que des patients qui n'avaient pas survécu, en m'interdisant de rendre visite à ceux qui allaient mieux.

Il serait préférable d'insister sur la bonne note, d'en parler abondamment et de se contenter d'attirer l'attention sur la nécessité d'harmoniser les résultats vers le haut, en s'appuyant sur le fait que cela est possible, comme le prouvent les bons résultats obtenus en Sciences et Vie de la Terre. « *C'est très bien en SVT, tu as eu une très bonne note. En maths, il faut que tu te donnes les moyens de progresser. Ces deux matières obéissent à des modes de pensée proches et tu vas y arriver. Concentre-toi bien en cours, travaille tes exercices et d'ici un mois, je serai autant fier de toi en maths que je le suis aujourd'hui en SVT.* » De tels propos seraient beaucoup plus efficaces que les précédents.

Sentiment de justice

Être plus positif que la logique ne le voudrait est aussi la condition pour cultiver le sentiment de justice. Pour le maintenir, deux hypothèses de travail : faire plus de compliments que de reproches et se montrer vigilant sur la manière de corriger les erreurs ou les fautes.

Faire plus de compliments que de reproches

Globalement, notre tendance naturelle va à l'expression franche et sincère de nos mécontentements, avec plus ou moins de tact en fonction de l'humeur du moment. En revanche, nous sommes très aptes à passer sous silence ce qui se passe bien, voire très bien. Faire l'effort d'être plus positif que la logique le voudrait devrait nous aider à rééquilibrer les choses, c'est-à-dire à exprimer plus souvent nos satisfactions que nos mécontentements.

Si l'on veut être perçu comme juste à l'échelle d'un couple, il faut être en mesure de faire cinq félicitations pour un reproche. À l'échelle du travail, dans la mesure où il n'y a pas d'affect, le même effet sera obtenu avec trois félicitations pour un reproche.

Être vigilant sur la façon de corriger les erreurs ou les fautes

Lorsqu'un proche commet une erreur ou une faute, la manière de la corriger est très importante. Si on se limite à procéder plus ou moins brutalement, on sera perçu comme quelqu'un de jamais satisfait, toujours de mauvaise humeur, incapable de voir les succès à côté des erreurs ou des fautes, en un mot comme quelqu'un d'injuste.

Au contraire, lorsque l'on doit corriger une erreur ou une faute, voyons le proche qui en est à l'origine, faisons-lui remarquer deux de ses succès et demandons-lui d'amener le point faible au même niveau que les deux autres. Ainsi, on sera perçu comme quelqu'un de… juste.

Être juste est bon pour la santé

Les mesures prises sans concertation, sans explication, les reproches isolés seront, le plus souvent, perçus comme injustes et deviendront des sources de frustration et donc de stress. En outre, face à ces éléments perçus comme injustes, le proche ne réagit souvent pas et là, les dangers en termes de santé gagnent encore plus en importance.

À l'inverse, être perçu comme juste diminue chez nos proches, chez nos collègues ou chez nos collaborateurs, le sentiment de frustration et donc… de stress. Le sentiment de justice aide à s'investir davantage et favorise les succès.

CONCRÈTEMENT

Concrètement, chez un proche, il faut s'interroger chaque semaine sur le rapport des reproches faits par rapport aux compliments.

- Si à l'échelle d'un couple ou entre des proches, le rapport compliments par rapport aux reproches est inférieur à 5, il faut être vigilant, car sans s'en rendre compte, on va altérer les relations et la santé.

Concrètement, chez un collaborateur, il faut s'interroger chaque mois sur le rapport des reproches faits par rapport aux compliments.

- Si à l'échelle d'un collaborateur, le rapport compliments par rapport aux reproches est inférieur à 3, il faut là aussi se montrer vigilant, car sans s'en rendre compte, on va altérer le sentiment de justice et donc la santé et l'engagement.

Cultiver la gratitude

Il y a des « mercis » dont on se souvient, qui marquent, qui servent de réservoir où l'on va régulièrement puiser la confiance en l'Humain. La gratitude, à l'image des retours positifs, présente aussi de nombreux intérêts, que ce soit en termes de réussite ou de bien-être.

Une histoire de médecine humanitaire

Lorsque, jeune médecin, j'ai effectué des missions humanitaires, j'ai eu la chance de recevoir de très beaux « mercis ». L'un de ceux-ci s'est passé en brousse, au Burkina Faso. Un jour d'activité intense, un homme âgé a demandé à de jeunes collègues à me parler. Très occupé à perfuser un jeune enfant, lorsque j'ai appris son souhait, j'ai décidé – un peu bougon il faut bien l'admettre – de remettre la rencontre à plus tard. Lorsque je suis allé dîner vers 21 heures, il faisait nuit et on m'a rappelé que le « vieux monsieur » était toujours là. Aidé d'une lampe de poche, je suis allé à sa rencontre, saturé, épuisé et certainement peu affable. L'homme, qui paraissait âgé d'environ soixante-quinze ans, marchait très difficilement avec un bâton en guise de canne. Il m'a expliqué qu'il avait fait dix-sept kilomètres à pied en deux jours pour venir me voir, qu'il dormirait sur le sol avec juste sa couverture en guise de lit, et qu'il repartirait le lendemain pour arriver dans son village le surlendemain... Il avait l'air tellement épuisé que j'ai eu vraiment honte de ne pas l'avoir vu dès son arrivée. J'ai essayé de bredouiller quelques mots d'excuses relatifs à l'attente que je lui avais imposée. Il m'a souri et remercié encore plus d'avoir accepté de lui parler. Il m'a alors expliqué que la jeune fille qui avait été traitée pour une infection du genou le mois précédent était… sa petite-fille ! Je l'ai interrogé certainement un peu brutalement sur la santé de celle-ci. « *Elle va mieux ! Elle marche de nouveau, mais je ne suis pas venu pour vous donner des nouvelles, je ne me le serais pas permis, je suis juste venu pour vous dire… merci !* » Eh bien, oui, il y a des « mercis » dont on se souvient toute une vie…

Les nombreux intérêts de la gratitude, pourvoyeuse d'émotions positives

La gratitude, qui peut se définir comme un sentiment de reconnaissance envers une personne qui nous a, par exemple, rendu service, est aussi un moyen efficace pour augmenter l'optimisme et… le bonheur ! La chercheuse française Rébecca Shankland est très explicite. Elle explique dans *La psychologie positive* (Dunod, 2014, 2e éd.) que les individus faisant régulièrement preuve de reconnaissance sont « *plus heureux, plus énergiques, plus optimistes…* ». Elle donne en outre une explication qui tient en trois éléments :

— Une meilleure mémorisation des événements positifs liée au fait que, plus on focalise la pensée sur les événements les plus positifs, plus on renforce leur intensité et leur mémorisation.

— Une amélioration de notre estime personnelle et de notre sociabilité qui résulte de la prise de conscience des attentions bienveillantes à notre égard, dont l'effet est d'améliorer naturellement notre estime de soi et notre humeur. De plus, le fait de se sentir considéré et remercié pousse à aller vers les autres.

— Une plus grande capacité à faire face aux difficultés ! Certaines recherches conduites auprès de sujets ayant vécu les événements du 11 septembre 2001 montrent que ceux qui éprouvent régulièrement de la gratitude savent mieux faire face aux événements angoissants et/ou traumatisants. En effet, les émotions positives qui sont liées au sentiment de reconnaissance améliorent notre adaptation aux situations difficiles.

Le chercheur américain Robert Emmons résume fort bien tout l'intérêt de la gratitude lorsqu'il explique que celle-ci « *aide une personne à diriger son attention vers les choses heureuses de sa vie et à la détourner de ce qui lui manque* ».

La gratitude, ça se cultive !

Au regard de ces travaux qui montrent l'impact positif de la gratitude, il devient, sur un plan plus opérationnel, éminemment intéressant de voir comment cultiver la gratitude. Quelques techniques simples peuvent être utilisées.

Tenir un journal de gratitude

Cette pratique, considérée comme l'une des plus efficaces, consiste à consigner par écrit les événements de la journée suscitant un sentiment de gratitude. Attention, penser simplement à ces situations ne suffit pas. Tout l'intérêt de la méthode réside dans la mise en mots de la pensée. En effet, écrire permet de rendre plus concrets les bienfaits dans notre esprit et ainsi de mieux s'en imprégner. En revanche, si une pratique quotidienne est trop contraignante – plutôt qu'abandonner – un autre rythme peut être librement choisi. On pourra par exemple s'astreindre à l'exercice hebdomadaire de lister cinq éléments positifs.

Pour les plus pessimistes, les débuts peuvent être décourageants. Il n'est pas toujours facile de mettre à jour quotidiennement plusieurs sources de reconnaissance. En revanche, il faut retenir que la formule présentée fonctionne parfaitement avec un minimum de persévérance. Plus on prend conscience des événements positifs, plus il devient facile de les repérer !

Se poser trois questions

Le questionnement suivant peut aider à la rédaction du journal de gratitude. Il résulte d'une méthode d'introspection, appelée Naïkan, étudiée scientifiquement depuis les années 1970. Elle invite à s'interroger sur trois points :

- Qu'ai-je reçu des autres ?
- Qu'ai-je offert aux autres ?
- Quels ennuis et difficultés ai-je causés ?

La première question permet de découvrir tous les bienfaits reçus. La deuxième aide à réfléchir aux moyens employés pour exprimer sa gratitude envers les autres, ce qui peut constituer une bonne occasion de découvrir de nouvelles manières d'en faire part ! Enfin, la troisième question aide à se mettre à la place de l'autre.

Se servir de mémos visuels

Les deux principaux obstacles à la manifestation de la gratitude sont l'inattention et l'oubli. Il convient donc d'imaginer des petits procédés simples permettant de pallier ces tendances naturelles. Un post-it peut très bien faire l'affaire. Il permet à tout un chacun, de manière simple, de témoigner sa gratitude à l'égard d'un proche, d'un collaborateur pour son implication ou sa contribution à une action. Très souvent, ce dernier le conservera et, à chaque fois qu'il le verra, se remémorera l'attention qui lui a été témoignée et fera ainsi perdurer les émotions positives.

CONCRÈTEMENT

Concrètement, au niveau familial, il faut s'interroger chaque semaine sur la gratitude exprimée à ses proches…

Pensez à vous poser trois questions :

- Qu'ai-je reçu de mes proches ?
- Qu'ai-je offert à mes proches ?
- Quels ennuis et difficultés ai-je causés ?

Concrètement, au niveau professionnel, il faut s'interroger chaque mois sur la gratitude exprimée à ses collaborateurs…

- Ai-je exprimé de la gratitude à mes collaborateurs ?
- S'il s'agit de collaborateurs avec lesquels je n'ai pas eu le temps d'échanger, ai-je écrit un post-it de gratitude ?

Reconnaître ses erreurs, ses maladresses

Si les intérêts de reconnaître ses erreurs ou ses maladresses sont évidents, leur mise en pratique n'est jamais aisée. Pour y parvenir, lorsque c'est particulièrement difficile, je repense auparavant toujours à la même histoire…

Le 8 juin 1972, un photographe a immortalisé une petite Vietnamienne qui courait, nue, sur une route, en hurlant sa douleur. Nous étions alors en pleine guerre du Vietnam. Âgée de neuf ans, Kim Phuc venait d'être gravement brûlée suite à un bombardement au napalm. Le cliché fit le tour du monde, bouleversant des millions d'Américains et précipitant la fin du conflit. Par miracle, Kim Phuc a survécu. Mais au prix de douleurs physiques et morales immenses, suite aux multiples chirurgies réparatrices subies et aux diverses affections qui la handicapent aujourd'hui encore.

Vingt-quatre ans après, Kim Phuc fut invitée à Washington. Face à un parterre de vétérans, quelque peu intimidée, elle prit la parole : « *Si je pouvais me trouver face à face avec le pilote de l'avion qui a lâché la bombe, je lui dirais qu'on ne peut pas changer l'histoire, mais au moins peut-on essayer de faire de notre mieux dans le présent et le futur pour promouvoir la paix.* » Un homme dans l'assistance, profondément ému, fit parvenir à la jeune femme un billet sur lequel était inscrit : « *Kim, je suis cet homme.* » John Plummer – c'était le nom de cet homme – attendait, tremblant. La jeune femme vint à sa rencontre et le prit dans ses bras alors qu'il éclatait en sanglots. Tandis qu'il implorait son pardon, elle lui répondit : « *Mais oui, c'est fini, je vous pardonne.* »

Le fait de reconnaître ses erreurs est un moyen efficace de diminuer le niveau de stress car il est un point de passage efficace vers la réconciliation. Et celle-ci, à l'instar d'une épreuve traversée avec succès, permet à chacun d'en ressortir plus fort et surtout d'acquérir un état d'esprit propice à aller de l'avant, à faire bien, à se dépasser.

Dans des périodes d'incertitude, des tensions plus ou moins importantes se manifestent d'autant plus facilement que l'on traverse des moments difficiles, le stress rendant chacun de nous un peu plus agressif. Ces tensions peuvent déboucher sur des climats de grande hostilité entre proches, entre collègues ou vis-à-vis d'un collaborateur. Pour éviter à avoir à gérer de telles situations, il semble intéressant d'encourager la gestion des tensions autant que faire se peut, dans les délais les plus courts possibles.

Le climat positif qui suit la gestion d'un conflit est souvent de grande qualité et, à son issue, il est fréquent de voir des personnes s'entraider à un point jamais observé auparavant. On notera au passage que le fait de reconnaître ses erreurs, ses maladresses, est à l'origine d'une véritable cohésion.

En termes de santé, les bienfaits liés au fait de reconnaître ses erreurs, ses maladresses, sont réels… Le faire évite l'émergence de la rancœur chez ses proches, ses collègues, ou encore ses collaborateurs. Or de récentes études[78] montrent que le ressentiment produit une élévation des émotions négatives. Celles-ci ont un impact sur le corps, tant au niveau cardiaque, entraînant une élévation de la pression artérielle, qu'au niveau de l'activité électrique du lobe frontal du cerveau.

On constate sur le long terme une altération de la santé physique chez les personnes rancunières. Celles-ci souffrent aussi plus souvent de maux de tête, de troubles digestifs, de douleurs lombaires, d'anxiété, voire de dépression[79].

S'il est une notion à retenir liée au fait de savoir reconnaître ses erreurs, ses maladresses, c'est bien que cela va diminuer les émotions négatives. Or, si de nombreux leviers destinés à augmenter les émotions positives existent, ceux destinés à diminuer les émotions négatives s'avèrent beaucoup plus rares. Nous allons voir d'ici peu l'intérêt d'augmenter les émotions positives et de diminuer les émotions négatives sur le plan de la cohésion.

Renforcer la solidarité de l'entourage, la cohésion de l'équipe

Le contexte d'incertitude contribue grandement à fragiliser la cellule familiale, transformant cet îlot de paix et de bonheur en un lieu de tensions et de stress. Nous allons voir comment agir pour protéger au mieux la cohésion familiale.

La cohésion des équipes de SAMU

Il est intéressant de réfléchir à la cohésion des équipes de SAMU, notamment dans des moments difficiles. Dans des situations périlleuses, ces groupes, souvent constitués de trois personnes, à savoir un ambulancier, un infirmier et un médecin, entretiennent une cohésion très forte. Elle s'appuie sur quatre éléments :

- la confiance dans la compétence de chacun ;
- le renforcement des « retours » positifs (gratitude, encouragements, etc.) par le médecin ;
- la reconnaissance par le médecin de ses maladresses ;
- le partage de réussites communes.

Dans ce dernier cas, le message de sympathie d'un membre de la famille d'un patient sauvé sera plus précieux qu'on l'imagine…

Par exemple, sur le terrain, coincé sous un camion aux côtés d'une victime, le médecin va remercier lorsqu'on lui passe le matériel dont il a besoin. Parallèlement, il rassurera et encouragera l'ensemble de l'équipe sur l'issue possible de l'état du patient. Dans ce cas, la phrase, « *on va le sortir de là* » est fréquemment répétée. Si un instrument tendu par l'ambulancier tombe par maladresse des mains du médecin, ce dernier présente aussitôt ses excuses, suivies de propos aimables de l'ambulancier, alors que parfois, il faut retourner dans des conditions pénibles au véhicule.

Si la situation est donc difficile et l'enjeu important, puisqu'il s'agit de la vie d'un homme, la cohésion reste très forte.

La cohésion dans la famille

Dans des contextes d'incertitude par rapport à l'avenir, la cohésion familiale est, plus que jamais, essentielle. Un certain parallélisme peut être cultivé avec le monde de l'urgence… même si des adaptations sont, bien évidemment, de rigueur.

Les quatre éléments cités précédemment dans le cadre de l'équipe médicale sont indispensables, à savoir :

- la confiance dans la compétence de chacun ;
- le renforcement par les parents des « retours » positifs (gratitude, encouragements, etc.) ;
- la capacité des parents de reconnaître leurs erreurs, leurs maladresses, facilitant ainsi la réconciliation ;
- le partage par les parents des réussites communes.

Dans ce dernier cas, il peut s'agir des dernières vacances préparées ensemble qui ont été un véritable succès.

Il s'agit là d'un projet qui sera mené à bien grâce à l'investissement actif des différents membres de la famille. Si ce quatrième élément est nécessaire à renforcer la cohésion de la famille, penser qu'il peut y suffire seul serait très réducteur.

Les « retours » positifs seront au rendez-vous, que ce soit sous forme d'encouragements ou de gratitude, par exemple… Les émotions négatives produiront moins d'impact grâce à la reconnaissance de ses erreurs, débouchant ainsi sur une phase de réconciliation. Ainsi, les frustrations et donc le stress lié aux émotions négatives seront moins importants.

On peut donc à la fois diminuer le niveau de stress et favoriser la cohésion. Il va de soi qu'une famille soudée sera en outre plus protectrice vis-à-vis des agressions extérieures et du stress. En quelque sorte, un cercle vertueux peut s'installer.

La cohésion de l'équipe

Les militaires sont très attentifs à la cohésion de leurs troupes. Déjà à la fin du XIXe siècle, le colonel Charles Ardant du Picq était très clair : « *Quatre braves qui ne se connaissent pas n'iront point franchement à l'attaque d'un lion. Quatre moins braves, mais se connaissant bien, sûrs de leur solidarité et par suite de leur appui mutuel, iront résolument*[80]. » Actuellement, toutes les armées travaillent sur les sources de la cohésion.

De l'analyse des stratégies militaires, il apparaît que quatre clés de cohésion seraient applicables au monde de l'entreprise.

Avoir confiance en la compétence du leader

« *La compétence professionnelle d'un leader est le facteur de leadership primaire qui contribue à abaisser le niveau de stress*[81]. » À tout niveau dans l'entreprise, il est donc essentiel de s'assurer que le leader est bien perçu comme compétent.

Le leader doit faire partager des réussites communes

Il s'agit là d'un projet extraprofessionnel qui sera mené à bien grâce à l'investissement actif des différents membres de l'équipe. Si cet élément est nécessaire pour renforcer la cohésion d'équipe, le leader ne peut en aucun cas y parvenir seul.

Passer du temps de qualité ensemble

« *Passer du temps ensemble paraît donc une condition nécessaire, mais non suffisante, au développement de la cohésion au sein de l'unité*[82]. » La qualité du temps passé ensemble et la nature des activités réalisées pendant cette période sont ici des facteurs importants, comme dans toute autre relation.

Renforcer les « retours » positifs (gratitude, encouragements, etc.)

« *Un leader qui se soucie régulièrement des autres, qui fait preuve de compassion et de compétence, établit ainsi les conditions voulues pour influer de manière positive sur la cohésion*[83]. » Un leader compréhensif et efficace, ressentant de l'empathie pour ses collaborateurs, renforcera ainsi la cohésion de ses équipes.

Un leader sachant reconnaître ses erreurs et faciliter ainsi la réconciliation

Le fait de reconnaître ses erreurs diminue les frustrations et permet la réconciliation, puissante source de cohésion.

CONCRÈTEMENT

Concrètement, au niveau familial, il faut être vigilant de manière permanente à la cohésion...

- Avoir confiance dans les compétences de chacun.
- Renforcer les « retours » positifs (gratitude, encouragements, etc.).
- Reconnaître ses erreurs, ses maladresses et faciliter ainsi la réconciliation.
- Partager des réussites communes.

Concrètement, au niveau professionnel, il faut être vigilant de manière permanente sur la cohésion de l'équipe... Il est utile de s'interroger sur :

- ses compétences ou celles des leaders ;
- la célébration des réussites communes ;
- la qualité du temps passé ensemble ;
- la suffisance des retours positifs ;
- la capacité à reconnaître les erreurs.

Cultiver l'optimisme

Le pessimisme est d'humeur

Au mois de mars 2011, j'ai passé une journée merveilleuse avec les managers d'un très beau groupe industriel. Le soir, la mission terminée, j'ai décidé de regagner l'aéroport en taxi. Fatigué par cette journée de travail, mais soucieux de me montrer agréable avec le chauffeur du véhicule, j'ai abordé la question, assez classique dans ces circonstances-là, de la météo. La journée avait en effet été très ensoleillée, une de ces journées de mars qui nous laisse croire que nous sommes déjà en été. « *Quelle belle journée, on sent le printemps proche.* » Le chauffeur, en homme averti, m'a prévenu : « *Vous avez raison, mais on va le payer plus tard, il fait trop chaud pour la saison !* »

Quinze jours plus tard, je suis retourné dans ce même beau groupe riche en valeurs humaines et ai passé de nouveau une journée merveilleuse. Le soir, dans les mêmes conditions que deux semaines auparavant, j'ai regagné l'aéroport grâce à un taxi et, comme il faisait encore beau, j'ai récidivé : « *Quelle belle journée, on se croirait en été !* » Là, le chauffeur a été très clair : « *Belle journée, belle journée, pas si belle que cela pour les jardiniers ! On va bientôt connaître la sécheresse…* »

Je n'ai alors pu m'empêcher de repenser à une grand-mère de ma connaissance qui disait à ses petits-enfants : « *Pour vous les jeunes, ce sera difficile. J'ai connu deux guerres et j'ai eu un cancer ; eh bien pour vous, ce sera pire.* » Ah oui, en effet, grand-mère, un tel avenir donne envie de s'engager ! Oui, vraiment, comme le suggérait déjà Alain[84], « *le pessimisme est d'humeur, l'optimisme de volonté* ».

Une suggestion que l'on retrouve d'ailleurs dans une enquête réalisée en 2011 par BVA-Gallup International pour *Le Parisien - Aujourd'hui en France*, qui a montré que sur cinquante et un pays du panel, la France était le plus pessimiste.

L'optimisme, compagnon de l'action

Avant d'identifier les atouts de l'optimisme, essayons de le définir. L'optimisme ne consiste pas à dire que tout va bien quand on traverse les pires difficultés ; ce serait là une forme d'optimisme naïf, sans intérêt. Pour définir l'optimisme qui nous intéresse, celui qui est le compagnon de l'action, je serais tenté d'aller chercher une femme de quatre-vingt-quinze ans à l'époque où elle a tenu ces propos, aveugle depuis de nombreuses années, et qui présentait en plus un déficit auditif important. Cette femme qui a consacré sa vie à la Grèce antique, et plus particulièrement à Thucydide, était membre de l'Académie française : Jacqueline de Romilly. J'ai eu l'honneur et le bonheur de bien connaître cette personnalité d'exception durant les dix dernières années de sa vie, au point que nous nous téléphonions tous les soirs et nous rencontrions plusieurs fois par semaine. Un dimanche soir, Jacqueline de Romilly m'a expliqué les difficultés inhérentes à son dîner. « *J'ai mis au four le repas préparé par ma femme de ménage. Eh bien, pour la première fois de ma vie, j'ai mangé de la compote gratinée avec du… gruyère ! Ce n'est pas franchement bon mais si j'avais vu clair, jamais de ma vie, je n'aurais connu cette saveur-là.* » Quelques jours plus tard, je lui ai demandé quelles étaient les clés de son optimisme permanent. Je me souviens encore de sa réponse : « *Mon petit docteur, tout d'abord, on a un devoir d'optimisme vis-à-vis des générations à venir, et ensuite, l'optimisme dans mon cas, quand tout est difficile, c'est le seul moyen de transformer les soucis en défis. Les soucis m'accablent alors que les défis, j'ai envie de les relever.* »

L'optimisme, facteur de réussite

L'optimisme, en médecine, aide à croire en l'impossible et parfois ce qui ne semble pas possible se réalise… En médecine, le recours à une forme d'optimisme délibéré est une aide précieuse. Placé dans de telles dispositions d'esprit, il me semble que l'on se donne plus à fond, laissant moins de marge à l'erreur, et le patient le ressent, lit l'espoir dans vos gestes et se met lui-même à espérer. La médecine ne se résume pas à une simple mécanique, car elle implique les êtres humains. L'optimisme en médecine est indéniablement l'une des composantes de l'humanisme. Depuis ces expériences vécues en France ou à travers le monde, j'agis toujours de la sorte et, maintes fois, j'ai pu constater que des patients pouvaient guérir alors que leurs cas semblaient objectivement désespérés. Mais ces histoires dépassent largement le seul exercice de la médecine. Elles se produisent dans de nombreux domaines !

Souvent, en effet, l'optimisme aide au succès. Ainsi, selon une étude menée en 1986 par Martin Seligman[85] auprès de vendeurs de police d'assurance de la Metropolitan Life Insurance Company, il apparaît que les commerciaux optimistes vendent, en moyenne, 37 % de plus que les pessimistes. Par ailleurs, ceux présents dans le top 10 du degré d'optimisme vendent 88 % de plus que ceux situés dans le top 10 du degré de pessimisme. Notons aussi que les vendeurs optimistes apparaissent plus satisfaits de leur travail et démissionnent deux fois moins.

Plaidoyer en faveur de l'optimisme à l'école !

Postulons que l'optimisme est également un atout précieux à l'école. Comment cela se peut-il ? Se représenter positivement et avec confiance en l'avenir incite volontiers l'enfant ou l'adolescent à choisir une voie plus en fonction de son envie qu'en fonction de ses résultats. Il ne s'agit bien sûr pas d'encourager des rêves improbables qui feraient réagir avec véhémence des conseillers d'orientation avisés, mais de laisser ouvert le champ des possibles. Et, là encore, mon expérience me fournit de nombreux exemples où avoir fait preuve d'optimisme a permis à des enfants de réussir.

Je me souviens d'un collégien de quatorze ans dont les résultats scolaires inquiétaient le père. Ce garçon m'a demandé un jour s'il me paraissait possible qu'il devienne médecin. Ses résultats scolaires étaient loin de plaider en la faveur de cette hypothèse. Cependant, parce qu'il semblait motivé et prêt à faire des efforts, ma réponse, solidement argumentée et assujettie à un ensemble de conditions, a été affirmative. J'ai pris le pari que son envie, associée au maintien d'une solide motivation, contribuerait à l'aider à se mobiliser. Ses résultats se sont améliorés assez rapidement, et il est devenu… ingénieur ! Un ingénieur reconnu dans son entreprise pour ses solides qualités humaines.

Comme déjà évoqué précédemment, il est un fait que notre cerveau montre des attraits plus grands pour tout ce qui est négatif. Il faut grandement se méfier, car cette inclinaison, fréquemment frappée du sceau de la Raison, nous pousse naturellement au pessimisme. Une objectivation poussée à l'extrême rend souvent les succès improbables. On a tous en mémoire des propos qui vantaient la qualité de vie des temps anciens, bien supérieure à celle de notre époque. Toutefois, en disant cela, sans y prendre garde, le message délivré à nos enfants martèle que leur avenir sera, à l'image d'un ciel d'orage, couvert, obscur et menaçant. Et qui a envie d'agir avec ardeur pour aller vers un tel avenir ?

L'optimisme, source de santé

Prosaïquement, outre le fait que l'optimisme puisse se cultiver et contribuer activement à la performance, il constitue concomitamment un levier intéressant à activer pour se préserver du stress.

Dans leur ouvrage *Le stress permanent* (Elsevier-Masson, 2003), les docteurs Pierre Lôo, Henri Lôo et Alexandre Galonowski sont très explicites : « *La personnalité optimiste intervient comme appoint correcteur du stress.* » On sait par ailleurs que l'optimisme favorise le bien-être psychologique et physique[86]. Les personnes qui sont plus optimistes envers la vie sont moins prédisposées à la dépression. Une récente étude[87] publiée dans *BioMed Central* montre que le risque de développer un cancer du sein diminue chez les personnes optimistes. Le docteur Ronit Peled, de l'Université Ben-Gourion, qui a dirigé cette étude, indique que les femmes qui avaient été exposées à un certain nombre d'événements traumatisants doivent être considérées comme « à risque » par rapport au cancer du sein. En revanche, selon ce chercheur, « *un sentiment général d'optimisme et de bonheur peut jouer un rôle de protection* ».

Globalement, l'optimisme est bon pour la santé !

Comment renforcer l'optimisme ?

L'optimisme et le pessimisme reposent sur des modes de pensée différents, étroitement liés à l'estime de soi. Il n'est donc pas surprenant de voir le sentiment d'efficacité personnelle renforcer à la fois l'optimisme et l'estime de soi.

L'optimiste verra les événements positifs comme étant le fruit de ses actions. Si ce qui se passe de bien est en rapport avec son action, il est logique que l'estime de soi soit elle-même plus élevée.

En ce qui concerne les événements négatifs, les optimistes auront tendance à considérer qu'ils ne sont pas liés à eux, qu'ils sont indépendants de leurs actions. Ainsi, ceux-ci n'affecteront pas leur confiance en eux.

Inversement, ils ont tendance à voir les événements négatifs comme n'étant pas de leur faute (cause externe). Ils les considèrent comme étant isolés et n'ayant rien à voir avec d'autres domaines de leur vie. Leur confiance en soi n'est pas affectée.

Le pessimiste aura le raisonnement inverse. Les événements négatifs seront le fruit de ses actions, alors que les événements positifs seront liés au hasard. On comprend aisément pourquoi leur estime de soi est plutôt basse.

Comment devenir plus optimiste ?

Martin Seligman a montré l'influence des événements négatifs du passé sur le mode de pensée. Ainsi, des personnes au passé très difficile seront plus pessimistes. Cependant, les travaux de ce chercheur et professeur américain montrent aussi que ces personnes au passé douloureux peuvent apprendre à interpréter différemment les événements vécus et devenir plus optimistes.

Quelques moyens simples

Aider un pessimiste à devenir plus optimiste est possible. Pour cela, il existe plusieurs moyens simples.

Ainsi, quand un événement positif se produit, il est important pour celui qui en profite de prendre le temps d'en analyser les causes et d'admettre sa part d'action dans la réussite globale. Petit à petit, il remarquera que des éléments qui lui sont propres interviennent régulièrement : il s'agit de ses points forts (mode de pensée, sensibilité, capacité de travail, d'analyse, de synthèse, créativité, etc.). Il est important de les repérer et d'en vérifier systématiquement la présence.

Il est alors intéressant de voir comment ces points forts ont pu marquer d'autres actions de sa vie et entraîner là aussi des issues favorables. Il est tout aussi intéressant de réfléchir aux possibilités offertes par la mobilisation de ces points forts dans l'avenir dans différents champs de sa vie.

Par ailleurs, en cas d'événement négatif, il convient de penser aux éléments qui ont pu y contribuer et sur lesquels il sera possible d'agir : manque de préparation, de travail, domaine qui ne passionne pas, problème passager de santé, etc. Si des événements extérieurs y ont contribué, il est important de les repérer et d'analyser l'importance de leur influence dans l'échec.

Il est tout aussi important de juger les progrès dans le temps et pas sur un événement précis. Pratiquement aucune réussite n'est linéaire; dans la grande majorité des cas, c'est une succession de succès et de difficultés, l'essentiel étant de constater que les succès sont plus nombreux que les difficultés et qu'avec le temps, une progression globale s'opère.

Si au départ, cette gymnastique intellectuelle peut sembler fastidieuse, avec l'habitude, elle devient automatique.

Le sentiment d'efficacité personnelle

L'influence de ce sentiment sur l'optimisme et l'estime de soi est admise. Le fait qu'il génère les deux montre bien le lien qui existe entre ces éléments. Or, parmi les leviers à actionner pour renforcer le sentiment d'efficacité personnelle, deux sont assez simples : ce sont l'augmentation des « retours » positifs (gratitude, encouragements, etc.) et la diminution des émotions négatives (reconnaître ses erreurs, pardonner, etc.). Comme nous l'avons vu précédemment, le sentiment d'efficacité personnelle peut, par le biais du gène OXTR, optimiser la sécrétion d'ocytocine et donc diminuer le niveau de stress.

CONCRÈTEMENT

Concrètement, afin de cultiver l'optimisme...

D'une manière générale, il faut augmenter les « retours » positifs : encouragements, compliments, etc.

À l'échelle individuelle, pour rendre un proche ou un collaborateur plus optimiste, il convient de :

- Prendre le temps de repérer les points forts de la personne en question.
- Vérifier que ces points forts ont déjà été à l'origine de succès.
- Inviter la personne en question à mobiliser ses points forts et lui faire remarquer que les succès sont au rendez-vous.
- Montrer que les échecs ont des raisons intrinsèques (manque de travail, d'intérêt, etc.) ou extrinsèques qu'il est possible de corriger. Insister sur le fait que les échecs ne sont jamais associés à la mobilisation des points forts.

Motivation, émotions et hormones : la preuve de l'efficacité !

Leviers de motivation intrinsèque : ocytocine et dopamine

Les leviers de motivation intrinsèque, qu'ils soient utilisés dans un cadre familial ou professionnel, vont aider à réussir et à améliorer la santé, en diminuant notamment les effets du stress. Ils favorisent l'augmentation des émotions positives et la baisse des émotions négatives. Si l'on augmente les émotions positives et que l'on diminue les émotions négatives, on permet la sécrétion de deux hormones : l'ocytocine et la dopamine.

Une étude menée chez le chien a montré que si des émotions positives étaient cultivées chez cet animal, par exemple en le caressant, son taux d'ocytocine urinaire augmentait. Les auteurs de cette étude parlent alors de l'ocytocine comme d'un bio-marqueur des émotions positives. D'ailleurs, les effets décrits comme étant ceux des émotions positives correspondent à merveille à ceux de l'ocytocine : meilleure appréhension de la complexité, plus grande sociabilité...

L'ocytocine, comme le fait remarquer *Cerveau et Psycho*[88], va aussi favoriser la sécrétion de dopamine : « *Elle stimule la sécrétion d'autres neuromédiateurs, tels la dopamine, qui suscitent un plaisir et encouragent la répétition des comportements sociaux.* »

Enfin, les émotions positives vont également, de manière directe, favoriser la sécrétion de dopamine. Dans un article paru sur le site *Neuroscience & Biobehavioral Reviews*, l'influence des émotions positives sur la sécrétion de dopamine est clairement abordée : « *Il y a maintenant une convergence de preuves pour suggérer que les différentes régions du système limbique, y compris en particulier les systèmes dopaminergiques du striatum ventral, sont mis en œuvre dans une anticipation "d'un état affectif positif".* »

L'ocytocine

L'ocytocine augmente la générosité et l'empathie et favorise donc la cohésion. Si l'on dose l'ocytocine chez deux militaires « frères d'armes » quand ils sont côte à côte, le taux d'ocytocine est élevé. Couramment, on dit que l'ocytocine favorise les comportements sociaux.

L'ocytocine diminue les hormones du stress. On s'est aperçu que lorsque son taux augmentait, celui de cortisol baisse. L'ocytocine augmente en outre les capacités de l'humain à penser la complexité, à être plus créatif.

En résumé, l'ocytocine augmente les capacités intellectuelles, diminue le niveau de stress et favorise les comportements sociaux.

La dopamine

C'est l'hormone de la motivation par excellence. Si l'on bloque des récepteurs à dopamine chez un animal, il se laisse mourir de faim, de soif, parce qu'il n'a plus la motivation nécessaire pour s'alimenter, pour s'hydrater, etc.

C'est aussi l'hormone impliquée dans les circuits du plaisir. Comme le remarque à juste titre *Cerveau et Psycho*, la dopamine fait partie des neuromédiateurs qui vont « susciter un plaisir ».

Il est assez logique que l'hormone de la motivation soit aussi celle impliquée dans les circuits du plaisir, car c'est bien cela que la motivation va provoquer. Quand on dit à un proche, à un collaborateur, « *bravo pour ce que tu as fait, c'est exactement ce que j'attendais, merci* », c'est bien du plaisir que l'on provoque.

La dopamine suscite du plaisir et l'influence du plaisir sur nos hormones est très intéressante. Une récente étude vient de montrer que le plaisir diminue le taux d'hormones du stress (cortisol de 40 %, adrénaline de 70 %) et augmente la libération d'hormones protectrices (hormone de croissance et endorphines)[89]. L'hormone de croissance protège l'immunité et les endorphines bloquent une hormone qui inhibait la libération de dopamine, favorisant donc la sécrétion de celle-ci et créant ainsi un cercle vertueux protecteur.

D'ailleurs, quand on parle de cercle vertueux, l'ocytocine favorise la sécrétion de dopamine et la dopamine favorise… la sécrétion d'ocytocine.

La contagion émotionnelle

Les travaux d'Elaine Hatfield[90] – auteur avec John T. Cacioppo[91], du livre *Emotional contagion* (Cambridge University Press, 1993) – sur la contagion des émotions ouvrent des perspectives très intéressantes. Il s'avère que les émotions se transmettent en un temps très court, de l'ordre de trente millisecondes, une durée inférieure au temps qu'il faut au cerveau pour qu'il voie le visage de la personne en face de lui.

Les émotions se transmettent très vite, qu'elles soient positives ou négatives.

Lorsqu'une personne est victime d'un haut niveau de stress, elle exprime des émotions négatives, très contagieuses donc, donnant l'impression que c'est le stress lui-même qui est contagieux.

Légende :

Cortisol :
Une hormone du stress.

Adrénaline :
Une autre hormone du stress.

Hormone de croissance :
Elle protège notre système immunitaire des effets du stress.

Endorphines :
Nos morphines naturelles viennent stimuler de manière indirecte la production de dopamine.

Dopamine :
L'hormone clé de la motivation, également appelée hormone du plaisir.

L'ocytocine :
L'hormone de la solidarité de proximité.
Lorsque son taux augmente, celui du cortisol baisse.

+ : Augmente la sécrétion de...

− : Diminue la sécrétion de...

Évolution de la production de différentes hormones à 72 heures d'une source de plaisir : voir un film à caractère humoristique

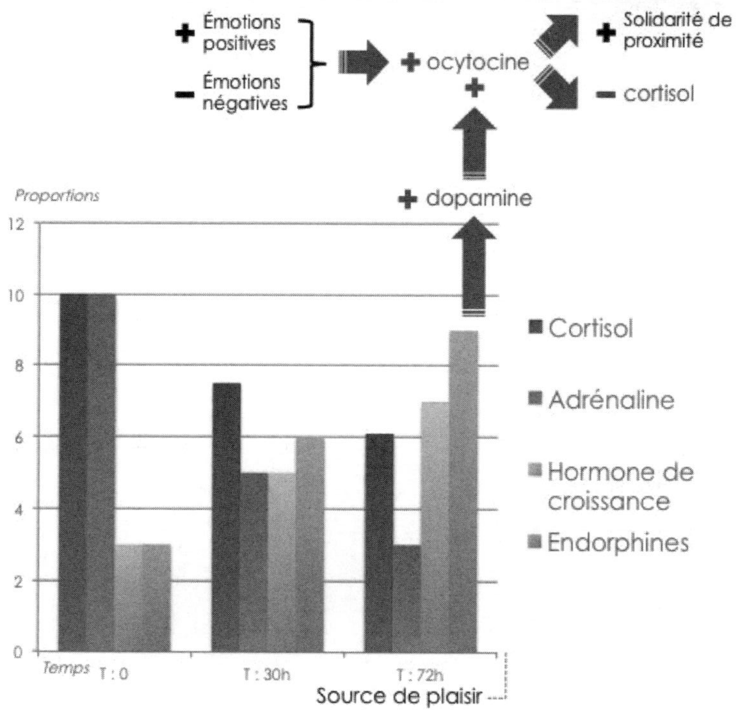

Heureusement, les émotions positives sont plus puissantes que les émotions négatives et cela ouvre de très belles perspectives.

Si, grâce à des leviers de motivation intrinsèque, on fait en sorte que les émotions positives soient plus nombreuses que les émotions négatives, les personnes en relation avec les émetteurs d'émotions positives auront envie de revoir les émetteurs en question. On mesure alors bien l'impact que la contagion émotionnelle peut produire sur le plan commercial.

Conclusion

Si l'on met en place des moyens susceptibles de diminuer les effets du stress, on vit mieux et on devient plus efficace. Si on transmet ces clés à des proches ou à des collaborateurs, on les aide à vivre de manière plus agréable, plus sereine.

Si l'on se motive, si l'on motive ses proches ou ses collaborateurs, la réussite sera au rendez-vous, la cohésion plus solide et le bonheur à portée de main.

On voit bien qu'à une époque où le stress nous semble contagieux, il faut que l'on soit en mesure d'être l'acteur d'une autre forme de contagion, celle de la bienveillance, qui rime avec exigence et est source d'excellence.

En outre, en devenant ainsi les acteurs d'un monde meilleur, on va encore augmenter nos chances de tendre vers le bonheur. En effet, comme le fait remarquer une étude[92] menée par des chercheurs de l'Université de Rochester, aux États-Unis, les sources de bonheur sont plus en rapport avec la réussite de projets d'intérêt général que de succès personnels comme la richesse ou la célébrité. Edward Deci, auteur de l'étude et professeur de psychologie et de sciences sociales, enfonce le clou : « *Ce qui permet d'être plus heureux, c'est principalement de se réaliser en tant qu'individu, d'entretenir des relations affectueuses, et de contribuer à la communauté.* »

Cette étude montre que si vous vous adhérez à ces trois grands principes, vous tendrez effectivement vers... le bonheur ! Elle va finalement dans le sens de ces propos de Jacqueline de Romilly : « *L'engagement de chacun, en accroissant son zèle, devrait rendre les gens à la fois plus utiles à la communauté, et aussi plus heureux pour eux-mêmes.* »

Alors suivez les pistes de ce petit guide et, ainsi, vous aurez la chance de tendre vers le bonheur !

Enfin, puisque l'on parle de chance, souvenez-vous de la célèbre phrase de Thomas Jefferson[93] : « *Je crois beaucoup en la chance ; et je constate que plus je travaille, plus la chance me sourit.* »

Annexes

Comment aider concrètement un jeune avant un examen, un concours ?

Un examen ou un concours sont généralement des sources de stress importantes pour le collégien, le lycéen ou l'étudiant et sa famille, parce qu'ils représentent un enjeu important. Contribuer à diminuer le stress chez le jeune concerné passerait, à mon avis, par deux niveaux d'action...

De la part des parents

Encourager quotidiennement son enfant

Souvent, les parents sont inquiets et oublient de prodiguer des encouragements à leur progéniture. Or on sait à quel point cela aide à persévérer et protège du stress.

Être plus positif que cartésien

Souvent, les parents, envahis par la peur, gèrent leur propre stress en mettant l'accent sur les éventuelles lacunes du candidat. Il faut éviter de le faire et lui parler surtout de ses points forts. Si on doit aborder des zones de faiblesse parce que cela nous semble indispensable, il faut alors en même temps parler trois fois plus des zones d'excellence.

Exprimer sa passion pour l'objectif de son enfant

Si le futur bachelier sait ce qu'il veut faire plus tard, il faut lui montrer à quel point cela est passionnant. S'il s'agit d'un métier proche de celui exercé par les parents, ceux-ci doivent lui en vanter les avantages et surtout attendre pour aborder les éventuelles difficultés. S'il s'agit d'un métier très différent de celui exercé par les parents, il faut éviter de laisser percevoir à l'enfant d'éventuels doutes quant à l'intérêt et, au contraire, exprimer son admiration pour les personnes qui exercent cette activité.

Transmettre de l'optimisme

Comment s'investir au maximum si l'on doute de la qualité du futur ? Être optimiste n'est pas notre état habituel. Il faut donc faire l'effort de l'être, notamment par rapport à l'avenir. Jacqueline de Romilly m'a déclaré un jour : « *Nous avons un devoir d'optimisme vis-à-vis des jeunes générations.* » Elle avait raison !

De la part du collégien, lycéen ou étudiant

Oser exprimer ses craintes à ses proches, à son meilleur ami

Il est légitime d'avoir peur avant de passer un examen. C'est en parvenant à en parler que l'on va diminuer le niveau de tension, même si l'ami auquel on se confie est lui aussi tendu.

Faire une coupure le soir

Il est important, une fois la journée de révisions terminée, de prendre un peu de temps pour se détendre, soit en lisant un ouvrage sans rapport avec le travail, soit en écoutant de la musique… Le sommeil n'en sera que meilleur.

Optimiser son temps de sommeil

Il est pour cela nécessaire de repérer la durée d'un cycle de sommeil[94] et de faire en sorte que son temps de sommeil soit un nombre entier de cycles. Il est toujours plus confortable de se réveiller en fin de cycle qu'en plein milieu.

Nourrir un but qui nous passionne et s'efforcer d'y penser aussi souvent que nécessaire

Le jeune étudiant qui avait accroché au-dessus de son plan de travail la photo d'un chirurgien en train d'opérer (lire page 57), s'est donné beaucoup plus de chances de réussir que ses camarades. C'est la passion qui va nous aider à voir plus loin et à moins focaliser sur l'examen. Cela nécessite d'avoir pris ou de prendre un peu de temps pour trouver sa voie.

Faire une coupure à la fin de sa journée de travail

Noter sur une feuille ce qui n'est pas satisfaisant (retard dans une matière par exemple) et s'accorder un peu de temps pour planifier cette tâche. Ainsi, on sentira que la situation est sous contrôle et on s'autorisera alors à ne plus y penser, facilitant la détente et le sommeil.

Avoir un planning réaliste avec quelques plages « tampons »

L'absence de planning empêche le collégien, le lycéen ou l'étudiant de savoir où il se situe dans son travail de révision, ce qui peut s'avérer très dangereux. Il est donc important et rassurant de faire un planning qui lui prouve qu'il dispose du temps nécessaire pour réussir à faire tout ce qu'il souhaite accomplir. Il est tout aussi indispensable de laisser des petites plages sans activité, qui permettront, dans le meilleur des cas, de se détendre, et dans les hypothèses moins favorables, de rattraper un éventuel retard. Le fait de savoir que de telles plages existent est très rassurant.

Apprendre à faire la part des choses

Comme nous l'avons vu plus haut, le soir, lorsque la journée est terminée, on peut noter sur une feuille qui sera séparée en deux verticalement, d'un côté ce qui s'est mal passé, de l'autre ce qui s'est bien passé. Une fois cette action réalisée, repérez les trois choses les plus positives dans la colonne des éléments qui se sont bien passés et se forcer à y penser en se couchant. Ainsi, le niveau de stress diminue améliorant de ce fait la qualité du sommeil.

Augmenter la confiance en soi

Comme lorsqu'il s'agit d'augmenter la confiance en soi ou de cultiver son sentiment d'efficacité personnelle (voir page 51 et 59), le « Carnet des Petits Succès » s'avère également très efficace dans la réussite scolaire. L'étudiant, en notant au fur et à mesure ses nouveaux succès, ne pourra s'empêcher de relire les précédents, aura davantage confiance en lui, et n'en sera que plus performant le jour J. Plus la confiance en soi est importante, moins la vulnérabilité au stress sera grande.

Maintenir un minimum d'activité physique

Même sans être très sportif, il est indispensable tous les jours de monter quelques marches et de prendre le temps de marcher au moins trente minutes.

Faire une coupure toutes les deux heures et aller s'oxygéner dix minutes

Si le jeune reste assis à son bureau pendant des heures, sa façon de respirer n'est pas optimale et le taux d'oxygène dans le sang va baisser, rendant son cerveau moins performant. L'idéal serait d'aller marcher pendant dix minutes toutes les deux heures.

En espérant que ces quelques lignes puissent aider certains. Bon courage et bonne chance à chacun !

De manière simple et efficace, prendre le temps de faire le point régulièrement

Il serait possible d'améliorer considérablement la qualité de vie en optimisant les relations aussi bien au sein des familles que du lieu de travail. Il suffirait pour cela d'accepter, toutes les semaines, tous les mois, de faire le point sur ses comportements en s'aidant de deux fiches, l'une destinée à faire le point sur ses comportements en famille, l'autre à visée professionnelle. Certains pourraient être tentés de penser que de telles fiches sont inutiles. Ce serait négliger la difficulté à faire évoluer nos comportements. Cela ne prendra que quelques minutes, mais produira de grands effets !

Au niveau familial

Fiche de suivi familial

Date :

- Les objectifs fixés aux uns aux autres, et plus particulièrement aux enfants sont-ils toujours adaptés ?
- Ai-je besoin de rassurer ou de convaincre tel membre de ma famille qu'il est en bonne voie ?
- Mes proches ont-ils toujours un bon niveau d'autonomie ?
- Ai-je encouragé mes proches ? Si oui, qui ? Combien de fois ? Quand ?
- Ai-je été maladroit vis-à-vis d'un ou de plusieurs de mes proches ? Si oui, ai-je été capable d'en parler avec celui-ci ou avec ceux-ci ?
- Ai-je été juste en termes de compliments par rapport aux reproches ? Si non, pourquoi ?

Au niveau professionnel

Fiche individuelle de suivi managérial

Nom du collaborateur : **Prénom :** **Date :**

- Les objectifs fixés sont-ils toujours adaptés ?
- Ai-je besoin de rassurer ou de convaincre mon collaborateur qu'il est en bonne voie ?
- Mon collaborateur dispose-t-il toujours d'un bon niveau de liberté d'action ?
- Ai-je encouragé mon collaborateur ? Si oui, combien de fois ? Quand ?
- Ai-je été maladroit vis-à-vis de mon collaborateur ? Si oui, ai-je été capable d'en parler avec lui ?
- Ai-je été juste en termes de compliments par rapport aux reproches ? Si non, pourquoi ?

Ces actions sont en harmonie avec la belle phrase de Jean Boissonnat[95], extraite de la préface intitulée « Travailler autrement » d'un ouvrage paru en 1995 chez Odile Jacob, *Le travail dans 20 ans* : « *Si l'on veut que les choses changent par en haut, on attendra longtemps ou on y perdra notre liberté, si on veut qu'elles changent par en bas, il faut construire et diffuser une culture de la responsabilité.* »

INDEX

E

F

G

H

I

J

L

M

N

O

P

R

S

T

V

Y

NOTES

1. http://www.stress-info.org
2. Baromètre Edenred Ipsos, édition 2012.
3. http://www.psychomedia.qc.ca/economie/2008-10-09/l-oms-craint-les-consequences-de-la-crise-financiere-sur-la-sante-mentale
4. 25 décembre 2008.
5. Source : Gallup - Ifop/Baromètre Ipsos – Edenred.
6. Outline septembre 2010.
7. Le système nerveux sympathique a pour neuromédiateur l'adrénaline, alors que le système nerveux parasympathique a pour neuromédiateur l'acétylcholine.
8. Hervé Allain et Danièle Bentué-Ferrer (Département de pharmacologie – Centre Mémoire Ressources Recherche de Bretagne, Université de Rennes I); Lucette Lacomblez (Département de pharmacologie – Fédération de neurologie Mazarin – CHU Pitié Salpêtrière, Paris).
9. Président d'Honneur du Groupe Safran, président de la Fondation Condorcet, ancien ministre de l'Économie et des Finances.
10. *Le Nouvel Économiste*, 2011.
11. Fondateur et directeur de l'Institut de médecine et chirurgie expérimentale de l'Université de Montréal, pionnier des études sur le stress.
12. http://www.lexpress.fr/actualite/societe/environnement/la-chasse-aux-decibels-est-ouverte_831203.html
13. http://www.20minutes.fr/paris/183709-etude-va-faire-evoluer-perception-nuisances
14. http://www.newswire.ca/fr/story/381843/le-stress-du-a-la-chaleur-un-danger-saisonnier

15. http://qz.com/133155/why-the-worlds-bees-are-dying-theyre-stressed-out/

16. Il évalue l'intensité de la demande psychologique à laquelle sont soumis les salariés, la latitude décisionnelle qui leur est accordée et le soutien social qu'ils reçoivent.

17. Édition du 12 avril 2010 du *Journal of Clinical Investigation*.

18. http://voir.ca/societe/2005/08/17/le-stress-combien-ca-coute-le-stress/

19. *Risk and protective factors in the development of psychopathology*, Cambridge University Press, 1990.

20. Chaque médecin a un domaine précis de la médecine qui l'intéresse davantage.

21. Stansfeld, S. A., Fuhrer, R., Head, J., Ferrie, J., Shipley, M., « Work and psychiatric disorder in the Whitehall II Study », *Journal of psychosomatic research*, juillet 1997, vol. 43, n° 1, 73-81.

22. Affection grave survenant généralement en fin de grossesse, caractérisée par des convulsions associées à une hypertension artérielle.

23. Travaux menés aux universités de Chicago et Yale et notamment par Gretchen Hermes (Yale).

24. Expression de Jacqueline de Romilly.

25. http://www.futura-sciences.com/fr/news/t/medecine/d/la-meditation-augmente-les-performances-de-lesprit-et-reduit-le-stress_13140/

26. http://www.pool-mag.net/international/content1.html?id=609&iid=26

27. Loi de Yerkes & Dodson.

28. Professeur de psychologie du travail au département de relations industrielles à l'Université du Québec en Outaouais, chercheur à IRSP/GAP-Santé.

29. Chercheur à l'Université catholique de Leuven et psychologue à l'hôpital universitaire de Gasthuisberg.

30. Hôpital universitaire de Duisburg-Essen.

31. http://www.gentside.com/homme/plus-les-femmes-sont-occupees-plus-les-hommes-sont-detendus_art22837.html

32. http://www.e-sante.fr/menage-c-est-bon-pour-sante/actualite/505

33. http://www.coupdepouce.com/bien-dans-mon-corps/sante/les-effets-de-l-activite-physique-sur-la-sante/a/44544

34. http://pubs.acs.org/doi/abs/10.1021/pr900607v?journalCode=jprobs

35. http://onlinelibrary.wiley.com/doi/10.1002/hup.1229/abstract

36. Le télomère est la région de l'ADN hautement répétitive, non codante, à l'extrémité d'un chromosome.

37. http://www.sante.gouv.fr/questions-reponses,4492.html

38. http://www.prnewswire.co.uk/cgi/news/release?id=243487

39. http://fr.canoe.ca/infos/sciences/archives/2011/05/20110530-103736.html

40. 14 novembre 2013.

41. http://www.elsevier.com/about/press-releases/research-and-journals/are-probiotics-a-promising-treatment-strategy-for-depression

42. http://www.psychomedia.qc.ca/alimentation/2010-10-07/les-noix-reduisent-la-pression-arterielle-en-situation-de-stress

43. *The Tending Instinct : How Nurturing Is Essential to Who We Are and How We Live*, Times Books.

44. Lee, S., Berk, L. S., *et al*, « Cortisol and Catecholamine stress hormone decrease is associated with the behavior of perceptual anticipation of mirthful laughter ». Résultats présentés lors du cent vingt et unième Annual Meeting of the American Physiological Society (APS).

45. http://www.atelier.net/trends/articles/stress-nature-plus-benefique-technologie

46. http://www.medpagetoday.com/PublicHealthPolicy/EnvironmentalHealth/11664

47. Professeur Richard Mitchell de l'Université de Glasgow et professeur Frank Popham de l'Université de St. Andrews.

48. http://www.actualitte.com/actualite/monde-edition/societe/plus-que-la-musique-ou-la-marche-la-lecture-reduit-le-stress-9280.htm

49. http://www.hellocoton.fr/beaute-et-bien-etre-2351954

50. http://www.sciencedaily.com/releases/2008/12/081208092108.htm

51. http://psycnet.apa.org/index.cfm?fa=buy.optionToBuy&id=2011-19550-001

52. ***Creativity** : Flow and the Psychology of Discovery and Invention*, Harper Perennial, 1996 ; paru en français chez Robert Laffont en 2006 sous le titre : *La créativité – Psychologie de la découverte et de l'invention*.

53. Président-fondateur de Strategos, cabinet international de conseil en stratégie basé à Chicago, professeur invité de la Harvard Business School et de la London Business School.

54. http://www.denewnormal.nl/wp-content/uploads/2013/02/plugin-MoonShotsForManagementGaryHamel-2.pdf

55. « Biologie de la motivation », Hervé Allain et Danièle Bentué-Ferrer (département de pharmacologie, Centre Mémoire Ressources Recherche de Bretagne, Université de Rennes I) ; Lucette Lacomblez (département de pharmacologie, Fédération de neurologie Mazarin, CHU Pitié Salpêtrière, Paris).

56. Grande génération : personnes nées avant 1930. Génération silencieuse : personnes nées entre 1930 et 1950. Génération « Boomers » : personnes nées entre 1950 et 1965. Génération X : personnes nées entre 1965 et 1978. Génération Y : personnes nées entre 1979 et 2000.

57. Rodet, P., *Se libérer du stress*, Eyrolles, 2010 (extrait de la préface).

58. https ://www.youtube.com/watch?v=s89ZHxU3RQc

59. http://www.journaldequebec.com/journaldequebec/actualites/sante/archives/2009/08/20090815-181826.html

60. *Risk and protective factors in the development of psychopathology, op. cit.*

61. http://www.plaisirautravail.org/article-pour-remy-julienne-la-curiosite-est-source-de-plaisir-50208951.html

62. Métro, Montréal.

63. Institut National d'Études Démographiques.

64. Professeur d'oncologie moléculaire et de cancérologie à l'institut Karolinska en Suède.

65. Pom'Mangue.

66. http://www.sciencedirect.com/science/article/pii/S0749597806000641

67. Avocat et auteur américain. Assistant de l'homme politique, universitaire et commentateur politique américain Robert Reich, il fut scripteur de discours pour le vice-président des États-Unis Al Gore de 1995 à 1997.

68. Stets, J. E., Turner, J. H., *Handbook of the Sociology of Emotions*.

69. Humphrey, R. H., *Affect and Emotion: New Directions in Management*. Theory and Research.

70. « Work and psychiatric disorder in the Whitehall II Study », *op. cit.*

71. http://www.inrs.fr/accueil/risques/psychosociaux/stress/facteurs.html

72. Docteur en psychologie et professeur émérite à l'université de Stanford. Ses travaux ont trouvé un écho très important auprès de la communauté scientifique, notamment sa théorie de l'apprentissage social et le sentiment d'efficacité personnelle.

73. Collins, J. L., « Self-efficacy and ability in achievement behavior », Paper presented at the meeting of the American Educational Research Association, (1982, March), New York.

74. Lent, R. W., Larkin, K. C., Brown, S. D., « Relation of self-efficacy to inventoried vocational interests », *Journal of Vocational Behavior*, 1989, 34, 279-288.

75. Pretty, G. H., Seligman, C. « Affect and the overjustification effect », *Journal of Personality and Social Psychology*, 1984, 46, 1241-1253.

76. Bandura, A., Jourden, F. J., « Self-regulatory mechanisms governing the impact of social comparison on complex decision making », *Journal of Personality and Social Psychology*, 1991, 60, 941-951.

77. Bandura, A., *Auto-efficacité : le sentiment d'efficacité personnelle*, De Boeck, 2002.

78. Mullet, E., Neto, F., Riviere, S., « Personality and its effects on resentment, revenge, and forgiveness and on self-forgiveness », in Worthington Jr., E.L. (Ed), *Handbook of Forgiveness*, New York, Brunner-Routledge, 2005, (pp. 159-182).

79. Muñoz Sastre, M. T., Vinsonneau, G., Neto, F., Girard, M., Mullet E., « Forgivingness and satisfaction with life », *Journal of Happiness Studies* 2003, 4, 323-335.

80. « Études sur le combat », *in Anthologie des classiques militaires français*, Charles-Lavauzelle & Cie, 1950.

81. Bradshaw, D. M., « Combat Stress Casualties : A Commander's Influence », *Military Review* 75, n° 4 (juillet/août 1995), p. 20 ; http://search.epnet.com/ ; consulté sur Internet le 3 mars 2006.

82. Bartone, Adler, « Cohesion Over Time in a Peacekeeping Medical Task Force », p. 101.

83. Bartone, P. T., Johsen, B. H., Eid, J., Brum, W., Laberg, J. C., « Factors Influencing Small-Unit Cohesion in Norwegian Navy Officer Cadets », Military Psychology.

84. Alain, de son vrai nom Émile-Auguste Chartier, est un philosophe, journaliste, essayiste et professeur de philosophie. L'auteur utilisa différents pseudonymes entre 1893 et 1914.

85. Chercheur en psychologie et professeur à l'Université de Pennsylvanie.

86. Lai, J., « Relative predictive power of the optimism versus the pessimism index of a Chinese version of the Life Orientation », Test, Psychological Record 1997, 47, 399–410.

87. Étude rapportée par BBC News, le 22 août 2008.

88. N° 36, p. 68.

89. Lee, S., Berk, L. S., *et al.*, « Cortisol and catecholamine stress hormone decrease is associated with the behavior of perceptual anticipation of mirthful laughter », résultats présentés lors du cent vingt et unième Annual Meeting of the American Physiological Society (APS).

90. Professeur de psychologie de l'Université de Hawaii.

91. Professeur de psychologie de l'Université de Chicago.

92. http://www.metrofrance.com/ma-vie/etre-beau-riche-et-celebre-ne-rendrait-pas-heureux/rieo!hZMn3HU1Rah0jP5Gy5J@LQ/

93. In Schouler, J., *Thomas Jefferson*, Elibron Classics, 2001.

94. http://sante.lefigaro.fr/mieux-etre/sommeil/cycles-sommeil/duree-d-cycle

95. Économiste, journaliste et homme de presse français.

Dépôt légal : décembre 2014
N° d'éditeur : 5030
IMPRIMÉ EN FRANCE

Achevé d'imprimer le 2 décembre 2014
sur les presses de l'imprimerie « La Source d'Or »
63039 Clermont-Ferrand
Imprimeur n° 13271

IMPRIM'VERT 2014

PEFC
PEFC/10-31-2008

Dans le cadre de sa politique de développement durable,
La Source d'Or a été référencée IMPRIM'VERT®
par son organisme consulaire de tutelle.
Cet ouvrage est imprimé - pour l'intérieur - sur papier offset standard 90 g
provenant de la gestion durable des forêts,
produit par des papetiers dont les usines ont obtenu
les certifications environnementales ISO 14001 et E.M.A.S.